上海高校高峰高原学科
复旦大学国家文化创新研究中心　项目成果

数字出版个案研究

张大伟　于　成　著

Shuzi Chuban Gean Yanjiu

高等教育出版社 · 北京

图书在版编目（CIP）数据

数字出版个案研究/张大伟，于成著. --北京：高等教育出版社，2016.11（2017.1 重印）

ISBN 978-7-04-046780-2

Ⅰ. ①数… Ⅱ. ①张… ②于… Ⅲ. ①电子出版物-出版工作-研究 Ⅳ. ①G237.6

中国版本图书馆 CIP 数据核字（2016）第 266132 号

策划编辑 曹培庚　责任编辑 曹培庚　封面设计 李树龙　版式设计 马 云

插图绘制 黄云燕　责任校对 刘 莉　责任印制 韩 刚

出版发行	高等教育出版社	网 址	http://www.hep.edu.cn
社 址	北京市西城区德外大街4号		http://www.hep.com.cn
邮政编码	100120	网上订购	http://www.hepmall.com.cn
印 刷	涿州市星河印刷有限公司		http://www.hepmall.com
开 本	850mm × 1168mm 1/32		http://www.hepmall.cn
印 张	8		
字 数	190 千字	版 次	2016 年 11 月第 1 版
购书热线	010-58581118	印 次	2017 年 1 月第 2 次印刷
咨询电话	400-810-0598	定 价	12.00 元

本书如有缺页、倒页、脱页等质量问题，请到所购图书销售部门联系调换

物 料 号 46780-00

打开数字出版的天窗（序）

张涛甫

大伟先生嘱我给他的新书《数字出版个案研究》写序，受宠若惊，诚惶诚恐。大伟是一位深耕于出版研究多年的青年学者，他对数字出版尤为擅长，成果卓著。我们偶尔在一起海聊，谈及出版话题，他如数家珍，洞见纷呈，我一直怂恿他抓紧把他对数字出版的新鲜见解变现成书。近日，拜读大伟先生《数字出版个案研究》书稿，似有电光石火的感觉，为其中闪现的精彩观点和精到分析倾倒。很多萦绕在脑际的困惑，经作者点醒，豁然开朗。我觉得此书出版是及时的，它能给过热的数字出版炒作降降温，澄清当下出版界对数字出版的误识。

提及数字出版，在当下中国出版界，不论是做出版的，研究出版的，或是站在路边围观出版的，若不把数字出版作为一个话题，似乎就不好意思开口。对于数字出版，似乎人人都可以谈，都可以扯上几句，于是乎数字出版就成为一块公共草场，谁都可以在这里放牧。由于过度开采，在理论上缺乏有效的提炼，致使我们对数字出版的理解甚为粗糙，很多关键知识概念表达非常模糊，甚至连数字出版概念本身都没有搞清楚。轴心概念不明确，造成延伸概念面目不清，由概念串联起来的理论逻辑也甚为薄弱，更谈不上建构其逻辑自洽、直戳实践命门的理论体系了。

数字出版虽被人们热闹地谈论着，甚至成为业界人士舌尖上的热词，但究竟数字出版是什么模样？怎么回事？其背后的运行逻辑是什么？至今仍然是待解的迷思。对于数字出版，我们真的不太了解。不了解的原因并不是由于我们的固执和惰性，而是数字出版颠覆了我们此前所有的经验性知识和惯性思维。理解数字出版，须跳出我们此前的经验路径和理论逻辑。但事实上，我们上了传统的“贼船”，无法跳出过往的思维框架，大家都在自以为是地把自己触摸的部位视为整个大象的模样。“横看成岭侧成峰，远近高低各不同，不识庐山真面目，只缘身在此山中。”此诗喻示的哲理，同样适用于我们对数字出版的理解。

面对喧嚣的数字出版炒作，我们亟需在理论和实践上有力的作为，从而对数字出版有一个负责任的交待。幸运的是，大伟、于成先生所著的《数字出版个案研究》，可以帮我们解答诸多困惑。此书弥补了我在数字出版理论和实践上的诸多知识缺损，更为重要的是，纠正了不少此前固守的偏见和误解。

此书虽然只有十多万言，体格娇小，但感性、结实，充满理性的智慧，与那些动不动就拿体系和规模吓唬人的宏大叙述相比，这是一本谦逊的书。它没有气势恢宏的理论冲动，不以理论标榜，只是谦虚地以“个案”示人。但凡能完整过目此书的读者，会发现：此书采撷的个案，不是那些随机摘取的时令故事和“看上去很美”的盆景。在个案的选择以及对个案背后逻辑的组织上，随处透示着作者的理论洞见和实践敏感，在案例背后隐伏着理论的逻辑，也浮现出作者的理论自信。

我深度同意作者关于数字出版的理解和界定。作者认为，截至目前，数字出版的内涵和外延还没有一个公认的清晰的轮廓。对于数字出版的理解不能仅仅理解为传统出版的数字化，或者 0 和 1 二进制代码的全流程化。数字出版与传统出版本质性的不同在于信息组织的方式、传播方式、生产流程发生了革命性的变革。在这当中，对数字出版传播方式的变革，学界和业界有十分清楚的认识，但对数字出版信息组织方式和生产流程方面的认识尚待深入。作者认为，对数字出版信息组织方式和生产流程起到革命性影响的是计算机标记语言，其中，影响最大的是SGML（标准通用标记语言）、HTML（超文本标记语言）和XML（可扩展标记语言），目前标记语言发展的最前端和最丰富的技术是XML，因此XML对出版业的信息组织和生产流程所带来的影响是革命性的。只有理解数字出版的技术逻辑，才能真正理解数字出版。从技术逻辑出发理解数字出版，才是找到正解的理论入口，只有方法论对路，才能获得理论的正解。即便是那些在传统出版理论和实践中摸爬滚打多年的“老出版”，由于没有找到理解数字出版的正确入口，致使常在自己的经验根据地里兜圈子。哪怕是“老船长”，凭借一张旧的“航海地图”，也是抵达不了数字出版这个新大陆的。

对案例的选择和解读，同样需要有正确的理论站位和敏锐的洞见，也考验作者的视野、理论洞察力、技术敏感以及实践的理解。《数字出版个案研究》一书，在一个个饱满的案例中，显示了作者对数字出版技术、市场、制度的独到理解。

首先，比较视野中的新锐洞见。此书没有拘泥于局部性、区域性的经验，而是放在全球数字出版视野中，把“地方性”经验置于中外数字出版理论和实践的大视野中进行比较研究。书中在观察中外传统出版转型和数字出版实践时，对域外案例的选择和研究，对国外数字出版经验的提炼，处处显现比较的视野以及由此视野所见的独特景观。书中对百度、超星、盛大案例的比较分析有精彩、独到的见解。“百度文库”几乎上传了所有有市场价值的中文文学作品，但法律并没有任何的裁决，除了几位积极参与诉讼和谈判的作家之外，别的作家都没有获得任何补偿。相比之下，超星所构建的“超星模式”要远比“百度文库”提出的“朱光保护费”模式更合理，更富有制度建设构想。作者认为，一个公司的成功受制于很多因素，与超级公司相比，超星还很弱小，但其所建构的在现实基础上的技术选择、版权方案，以及技术的再转型，都值得珍视。作为内容创新企业，盛大对版权机制的构建不仅考虑到作者的利益，还对部分作家进行培养并促其成名。这提示我们，互联网公司的盈利并不必然以损害作者的利益为代价，二者完全可以共赢。相比“盛大文学”成为世界数字出版三大模式之一，其与作者合作共赢的思想也许更值得中国数字出版界所珍视。上述比较分析，都十分到位。

其次，对技术及技术标准的精到理解。如何理解技术，决定如何理解数字出版。技术经由社会化和市场化之后，技术竞争和市场的竞争最终受制于技术权力的竞争。谁有权对技术进行开发？技术标准如何界定？谁有权对技术进行标准化？这背后涉及复杂的权力博弈问题。长期以来，我们较为重视电子书规模的增长、读者阅读习惯的改变、数字版权以及设备制造商之间的矛盾等问题，但其实电子书格式标准化也是数字出版产业发展最为核心的问题之一。在数字时代，信息的快速、准确、有效的传输，必须依赖于信息组织方式（格式）的标准化，没有信息组织方式的标准化，数字阅读的优点是无法实现的。标准是数字出版行业发展的制高点，从以信息非实体化为特征的数字内容制作过程，到以信息重新实体化为特征的数字内容平台展示过程，标准化的意义体现在其中的各个环节当中。现实的困境在于：中国电子书行业没有自己的标准，我们不得不不断跟上、反复引进、采用国外标准。比如，虽然 CEBX（基于混合 XML 的公共电子文档）技术处于领先地位，且在国内市场中得到一定程度的认可，但其影响力远不及 EPUB 和 PDF 标准，而且不如亚马逊的专有格式。在我国的网络中，EPUB（美国电子书产业标准）和 PDF（便携式文档格式）等国外标准依然占据着电子书的主导地位。我们通常会认为，先进的技术取代落后的技术合情合理，但真实的现实是：先进的 CEBX 无法取代原有标准。技术很精彩，但现实很无奈，技术的新陈代谢并不意味着技术标准的推陈出新。为什么技术先进并不能成为行业标准？这种逆技术进化论的现实困境，不能不令人深思。

再次，寻找技术、生产、市场、制度的关系逻辑。数字出版涉及技术、生产、市场、制度诸个变量的复杂关系。这些关系虽然在传统出版中也存在，但数字出版颠覆了传统出版的关系逻辑，确立了新的关系逻辑。时至今日，无论是出版界还是学界，都在试图把握数字出版的新逻辑，但获得的均是局部经验或暂时性逻辑，尚未找到一个普适性的规律。这既是当下出版界的活力所在，也是理论洞察的难点所在。《数字出版个案研究》并没有交给我们一个现成的理论答案和逻辑图谱，而是从案例中探寻理论逻辑的轨迹。每一个案例各有侧重，珍视每个典型案例的标本价值，但又不在理论上说得太满，太绝对。比如，在对亚马逊公司代理制案例的分析中，作者一针见血地指出，出版商所获得的定价权并不是真正的定价权，而是有限制的定价权。苹果公司给出的 12.99~14.99 美元的定价标准，是电子书定价的上限，在苹果公司划定的这个定价范围内，出版商才拥有自主定价的权力。在合作中，最终的定价权，还是掌握在苹果公司手里。再如，作者关于“终端到内容”与“内容到终端”的经营策略分析，颇有理论说服力。认为从“终端到内容”与从“内容到终端”比较而言，后者也许更为平坦些。比如，亚马逊就是采取了这一策略。以图书电子商务为基础，亚马逊的内容渠道更多，且锁定了大量用户群，企业经过十几年的发展壮大，具有赔本赚吆喝的实力，亚马逊 Kindle 的成功可谓水到渠成。即使难以达到亚马逊的高度，中国销售生产电子书阅读终端的厂商也并非没有相对成功的案例。盛大即依靠其原创文学内容，创新与出版社的合作模式，成功地建设了云中书城内容平台。强大的内容支持是盛大成功的主要原因，而这正是汉王的主要短板。汉王是先有电子阅读器终端，再去寻找内容资源；与汉王刚好相反，盛大是先有盛大文学等原创性内容，之后才进入终端市场。盛大电子书的后起，源于盛大文学背后积累的强劲内容。事实表明，内容才是核心竞争力。盛大和亚马逊一样，抓住了问题的关键，先丰富自身的内容资源，锁定用户群，最后才去做电子书阅读终端。最后，作者形象地提炼出：对于电子终端产品来说，提供内容服务才是持续盈利的关键。不少从业者喜欢把电子书阅读终端与内容形容为“刀架”和“刀片”的关系。对于电子书阅读终端生产商来说，“刀架”只是一次性售卖，而不断更新的“刀片”才意味着源源不断的利润。打通从“刀片”到“刀架”这一整条产业链，才是长久之道。

最后，中国数字出版的短板。在中外数字出版案例的比较研究中，不难发现中国数字出版实践中的诸项短板。在技术、生产、市场以及制度诸个方面，中国数字出版的缺项是甚为明显的。提及中美数字出版实践时，作者提出：中美的数字出版产业并不处于著名中国出版人陈昕所讲的“一样的斜坡、一样的爬”，美国的核心优势在于能够建立合理均衡的利益分享机制、善于抢占技术标准高地以及能够破除垄断的法律机制等，而中国目前在核心制度建构上、行业规则建构上仍有很大的调整空间。作者认为：在合理的版权体系的构建中，读者是利益相关方，读者的合理权利应该受到保护（合理使用原则），不合理的行为（侵权行为）应该受到限制和惩罚。平台商和内容商的融合是未来产业的发展方向，这需要企业家和企业的协作精神，只有建立在利益平衡基础上的协作才能喷发出更强劲的产业能量，而在这方面中国显然还没有准备好。

目录

如何理解数字出版

新媒介技术产生以来，对于如何界定新的出版形态，把握新媒介环境下出版形态的一些特点，学界、业界、管理机构都在通过“概念”的生产来试图达到对本质的理解。从电子出版、网络出版、多媒体出版、数字出版，一直到全媒体出版，“概念”层出不群、夺人耳目。问题在于：产生这些概念的必要性何在？这些概念是否触及了当下出版形态的本质？概念的界定是否对业界把握产业发展方向有利？在本文中，笔者想通过探讨有关数字出版的概念界定，来分析数字出版概念界定的模糊化以及对传统出版业转型的误导。之所以在众多的概念中选择数字出版进行论述，一是如有些研究者所说，数字出版的命名在一定程度上能概括我们现在出版业发展的现状；二是因为在全世界范围内，数字出版已经成为许多国家比较认同的一个概念，对数字出版的讨论有必要跟世界接轨；三是我国出台了为数众多的数字出版产业政策，但数字出版的内涵和外延一直是困扰学界和业界的大问题，对已有数字出版概念的明晰，有助于我们把握数字出版产业的内在本质。

一、是技术隔膜还是有意误读：数字出版成了“巨无霸”

我们已经习惯于用“种+属别”的方式给事物命名，也习惯于用“种+属别”的思维定势去理解一个新概念，因此，目前有关数字出版的概念界定，也是循着此种思路。数字出版被理解为“数字化”+“出版”或者“数字技术”+“出版流程”。当前对于数字出版的两种定义，具体的表述如下：

一种是以目前传统出版的数字化转型现状为基础，可以代表我国传统出版社对数字出版的一些最初认识，即数字出版=“出版”+“数字化”，认为数字出版是内容提供商将著作权人的作品数字化，经过对内容的选择和编辑加工，再通过数字化的手段复制或传送到某种或多种载体上以满足受众需要的行为。这里的载体可以是光盘、互联网、电视，甚至纸质载体。“数字出版实际上包括两方面的内容：一方面是传统出版业的数字化，另一方面是新兴数字传媒的崛起。”①

另一种是以统一的二进制代码作为理解数字出版的基础，认为数字化贯穿于数字出版的整个流程当中，而不是其中某个环节，在具体的表述中，学界和业界的表述具有些许的差异。

业界的表述：我们今天谈的数字出版，是在出版的整个过程中，“所有的信息都以统一的二进制代码的数字化形式存储于光、磁等介质中，信息的处理与传递则借助计算机或类似设备进行。”它强调内容的数字化、生产模式和运作流程的数字化，传播载体的数字化和阅读消费、学习形态的数字化，当然光盘出版和网络出版均为数字出版。“1978 年 4 月，J·A·Urqart 在卢森堡‘科技社会的出版未来’研讨会上，首次提出了‘电子出版’（electronic publishing）的概念，一言概之：利用电子手段创建、管理、传播出版物的过程。”②

学界的表述：“数字出版或者‘数字化出版’，是指在出版的整个过程中，从编辑、制作到发行，所有信息都以统一的二进制代码的数字化形式存储于光、磁等介质中，信息的处理与传递必须借助计算机或类似设备来进行的一种出版形式。这一出版概念有利于我们理解‘数字化’的要点。”③

在笔者看来，以传统出版的“数字化”或者二进制代码为基础来理解数字出版，就如同从竹简向纸张的转变过程中，我们简单地以纸张为基础来理解出版一样，显然过于宽泛了。纸质出版与竹简的最大不同在于信息的组织（编辑）方式、传播方式、

① 祁庭林：《传统出版该如何应对数字出版的挑战》，《编辑之友》2007 年第 4 期。

② 王异：《何为数字出版?》，《科技与出版》2006 年第 5 期。

③ 周荣庭：《网络出版》，科学出版社 2004 年版，第 13 页。

生产流程发生了革命性的变革。纸质化并非出版的本质，只有经过特殊的信息组织、流程加工和传播的纸质产品，才可能称得上是出版。同样，对于数字出版的理解不能仅仅理解为传统出版的数字化，或者二进制代码的全流程化。数字出版与传统出版本质性的不同在于信息组织的方式、生产流程、传播方式发生了革命性的变革。在这当中，对数字出版传播方式的变革，学界和业界有十分清楚的认识，但对数字出版信息组织方式和生产流程方面的认识还有待深入。对数字出版信息组织方式和生产流程起到革命性影响的是计算机标记语言，其中，影响最大的是 SGML（标准通用标记语言）、HTML（超文本标记语言）和 XML（可扩展标记语言），目前标记语言发展的最前端和最丰富的技术是 XML，并且所有 XML 文档，都可以很容易地转换成其他格式的文档，包括 HTML、PDF 以及适用于其他阅读器的各种格式，因此本文主要论述 XML 对出版业的信息组织和生产流程所带来的革命性变革。在哥伦比亚大学出版专业教材《哥伦比亚数字出版导论》一书中，标记语言尤其是 XML 及相关技术被认为是数字出版的技术基础。

在笔者看来，以二进制代码为基础理解数字出版，是目前对数字出版产业的最大误读，同时这种误读也误导了传统出版业数字化转型的路径选择，误读和误导体现在以下几个方面：

1. 以二进制代码为基础理解数字出版，使得数字出版的内涵十分模糊。这种理解，一方面是数字出版理解的“窄化”。让许多传统出版社认为原有内容的数字化和网络化就是数字出版，而忽略了数字出版和传统出版在媒介的传播介质之外的其他本质区别，而这些本质区别对于从事数字出版的企业来说是更重要的。另一方面是数字出版理解的“泛化”。在许多人的理解中，也包括政府的年度报告中，网络视频、手机动漫等均属于数字出版领域，而忽略了对这些不同数字出版领域特性的分析和区别，因此传统出版企业在行政政策的鼓励之下进入数字出版领域时，往往进入一个自己十分陌生的领域，如许多出版企业对动漫产业的投资，被证明是一种砸钱而不能见效的方式。

2. 以二进制代码作为数字出版的本质特征，无法界定数字出版区别于传统出版的特点：个性化定制、一次创建多次使用、强大而准确的搜索和链接功能、交互功能。把二进制代码存储在某种介质上，或者生产的整个流程都是数字化（二进制代码为基础）的，如果最终的产品形式仍然是不能提供上述功能特点的，则不能被称为是数字出版，Word 文档是以二进制代码为基础的，在网络上，不可能个性化定制，也没有强大而准确的搜索和链接功能。超星数字图书馆完成了传统图书的数字化，但是它所提供的搜索、链接、个性化定制是十分有限的，因此可以看作是从传统出版向数字出版转型的中间形式。可以肯定地说，相比传统出版，在传播介质的多元化之外，数字出版提供了更多的服务功能，满足了受众更多的需求。如果我们不能用新技术提供更多的服务，满足更多的需要，甚至于也没有降低生产的成本，这种使用事实上是一种浪费。

二、中国式模糊：数字出版概念的生成及语境

第一层的模糊是：数字出版成为一种时尚、一种光明的前景、一种现实的压力、一种先进的代名词，与模糊而又笼统的理解之间成了中国数字出版产业发展的一个悖论：无数的人在谈论数字出版，甚至数字出版年度报告已经出了将近 10 年，但截至目前，数字出版的内涵和外延还没有一个公认的清晰的轮廓。

第二层的模糊是：传统出版社还没有找到数字出版的盈利模式，学界和业界都在探究数字出版的盈利模式；而中国官方的统计数据表明数字出版产业规模和盈利额都在飞速地发展。据《中国数字出版年度报告》的统计，2015 年，我国数字出版产业整体收入规模为 4 403. 85 亿元，比 2014 年增长了 30%，数字出版

产业收入在新闻出版产业收入的总比由 2014 年的 17.1%提升至 20.5%。其中：互联网期刊收入 15.85 亿元，电子书 49 亿元，数字报纸 9.6 亿元，博客 11.8 亿元，在线音乐 55 亿元，网络动漫 44.2 亿元，移动出版 1 055.9 亿元，网络游戏达 888.8 亿元，在线教育 180 亿元，互联网广告 2 093.7 亿元。数字报纸和博客的收入 2015 年比 2014 年有所下降。移动出版和网络游戏的收入分别为 1 055.9 亿元和 888.8 亿元，两者合计占比 44.16%，接近全年总收入规模的一半，依然是拉动数字出版产业收入的主力军，休闲、娱乐类产品在数字出版产品形态中占据了相当比重。2015 年互联网期刊、电子图书、数字报纸的总收入为 74.45 亿元，比 2014 年增长了 6.66%，在数字出版总收入中所占比例为 1.69%，仍然比较低。[①] 也许讨论数字出版盈利模式的人会辩称，自己所探求的是传统出版社的数字出版盈利模式问题，但这一限定事实上把该问题变成了一个伪命题，因为数字出版的盈利模式已经建立，而不必再到传统出版社的数字化转型中去寻找。

第三层的模糊是：陈昕主编的《美国数字出版考察报告》，在学界和业界具有广泛的影响，作者在对美国数字出版企业进行详细的考察之后得出中国和美国的数字出版处于相同的阶段，是“一样的斜坡，一样的爬”；而在该书中也提到培生教育集团数字产品的利益份额有可能是 75%~80%。是中国和美国的数字出版仍然处于“一样的斜坡，一样的爬”，还是我们一厢情愿地漠视了二者理念和实践的不同之处？

为什么一个模糊的概念可以如此之流行？是因为这个概念在朦胧之中把握住了事物的本质，还是这个模糊的概念是模糊利益的一种体现？笔者认为是后者。在笔者看来，概念内涵和外延的模糊化，事实上是相关管理部门利益最大化和学界研究风气肤泛

---

① 参见张立主编：《2015—2016 中国数字出版产业年度报告》，中国书籍出版社 2016 年版。

化的一种体现。

1. 管理部门：模糊概念下的管理权限最大化。

出版管理部门在中国数字出版产业年度报告中，把手机出版、游戏出版全部作为数字出版产业的组成部分，一定程度上造成了管理范围的无限延伸，也就是说，延伸到了整个文化产业，权利寻租的利益驱动在概念的含混性上体现得淋漓尽致。媒介融合带来的应该是管理体制的创新，而不是对管理领域和利益进行重新的划分，在数字环境下，是很难区分渠道和内容的，也很难以媒介的性质进行管理的划分。在国外，新媒体产业领域是由专门的部门来管理的，而我国目前实行的是多部门协调管理。科学的数字出版管理不应该是众多部门进行协调，而应该由一个统一的部门来管理。数字出版多部门的管理就如同一本图书的文字归某一部门管理，图片归另一部门管理一样滑稽可笑！正如经济学家理查德·R. 纳尔森（Richard R Nelson）论述到制度调整对技术进步、从而对经济增长的重要作用时说到："从一个角度来看，正是技术进步在过去 200 年里一直是推动经济增长的关键力量，组织变迁处于附属地位。但从另一个角度来看，如果没有能引导和支持 R&D，并使企业能从这些投资中获利的新组织形式的发展，我们就不可能获得技术进步。"① 制度的惯性受传统文化的影响，受经验的支配。同时，经验和惯性又受制于社会价值、常规、信仰和习惯等所谓的信仰体系。但是，如果不能打破制度惯性对资源的不合理配置，则资源（包括技术）就不能充分发挥出最大的潜能。对于中国数字出版产业来说，它是由于新技术而产生的新的产业形态，制度的惯性及由此而来的一些管理规定，显然不能适应和促进该产业强有力的发展。事实上，不止在中国，世界上很多国家都在积极地调整相关的文化产业政策，来适

① 理查德·R. 纳尔森：《经济增长的源泉》，汤光华译，中国经济出版社 2001 年版，第 135 页。

应新技术带来的新问题。因此，技术的创新，需要制度创新为保障；技术的融合，需要制度融合为先导。中国要想在数字出版领域处于世界的前列，就必须进行制度的创新。

2. 学界：“逐新癖”下的“概念生产工厂”。

从电子出版、桌面出版、网络出版到多媒体出版、数字出版、全媒体出版，每一个概念均成为炒作的话题，很少有人弄清这些概念的真正内涵和外延，这些概念更多地表现为学界“创新的需求”与业界制造“关注点”之间的契合。无数的“新概念”在学界这个“概念生产工厂”被制造，但学界很少关注这些“新概念”所产生的正面或者负面的社会效益，只关注这些“新概念”是否进入了“销售渠道”，是否为自己赚取了名利。我们常常见到某某新概念的发明者沾沾自喜地谈论自己的发明（“新概念”），却很少听到这个概念对于对象本质的把握。这是一个只关注生产和自身利益，而很少关注社会效益的“工厂”。从这个意义上说，许多学者正在堕落为一种只关注眼前利益的商人和政客。

3. 业界：领域模糊化下的政策和财税优惠。

业界对于新兴产业领域十分关注，有新兴产业领域更富有发展潜力的因素，也有为了争取政策和财税优惠的鱼目混珠者，更有为了跟上政策导向而进行盲目投入者。因此，不管所从事的领域是否是数字出版产业领域，许多企业尽力把自己的经营范围注册为数字出版，为的就是享受政策优惠。近年来，全国建成了许许多多的“文化产业园区”和“数字出版基地”，但真正创造出效益的企业却凤毛麟角。

可以肯定地说，造成概念的误读和模糊的原因，不在于我们的智力无法理清一个概念的内涵和外延，而在于我们不愿意去理清，或者更准确地说，概念的歧义和模糊是利益交织的一种必然结果，各利益方在模糊和笼统概念中各得其所。

三、从0和1到XML：对数字出版本质的一种技术探寻

如果要摆脱对数字出版模糊和笼统的认识，就必须对数字出版的技术有一种更为深刻的认识，这种认识主要包括：数字技术为新的出版形态到底提供了哪些新的功能；在满足人的基本阅读需求之外，还满足了哪些需求；这些功能的技术特点何在。哥伦比亚大学在数字出版课程中，把XML（可扩展标记语言）、SGML（标准通用标记语言）作为重点，认为标记语言是现代（数字）出版业的基础。标记语言为数字出版提供的主要功能是强大的检索和连接功能、交互功能、多媒体（全媒体）呈现功能。在满足基本的阅读需求之外，还满足了受众检索信息、全感官接受信息、对话式接受信息的需求。它让纸质（传统）出版成为了数字出版的一个部分。其技术特点主要表现在以下几个方面：

1. 标记的丰富性和联想性。

在传统出版业，标记模式是专属性的、易变的，这种标记模式只能满足封闭团体的成员之间的交流、合作与协作。在数字时代，标记打破了团体与团体之间的壁垒，不仅处于产业链上的各相关企业（技术提供商、内容提供商、运营商等）必须使用统一的、可以共同利用的标记，处于竞争关系的内容提供商也必须协调标记模式的统一问题（如开放电子书论坛），竞争者必须合作制定共同的、智能的、可操作性较强的标记模式。这种标记模式不仅是为了满足目前企业的战略需求，同时，标记良好的文本也可以使未来的阅读者受益。“标记语言家族起源于通用标记语言（SGML）及其前身，如今发展为XML。其基本特点是将结构、含义同外观形式相分离。它们创造了一种标记方法，能够使得给定内容的各种元素被命名和识别，而这一切与它们在任何特

定场合的外观无关。”[①] 作为数字出版技术基础的标记语言，主要有两种标记功能：

（1）结构标记。在出版实践中，书名、作者简介、内容摘要、引言、章节、参考书目都要出现在某一特定的结构位置，如作者简介可能出现在作者的后面，参考书目可能出现在最后面等，“由于没有描述元素显示形式的负担，像XML一样的标记语言就能够描述复杂结构，比如元素中又包含其他元素，而每一个小元素都可能有不同的显示形式。”[②]

（2）含义标记。数字出版和传统出版最大的不同就在于强大的检索和链接功能，而这种功能的实现主要是依靠含义标记来实现的。含义标记可以在看起来一样的元素中作出有意义的区分，比如，同样是“华盛顿”，可以标记为美国第一总统、可以标记为地名、也可以标记书名，这样不仅可以帮助读者准确地链接，也可以帮助读者进行联想性的搜索和链接，比如将外来语链接到术语表，将书籍标题链接到参考书目等。“这种基于含义的标记不仅是电子出版环境的核心，也是电子商务和信息管理的核心。”[③]

2. 内容和形式的分离。

标记语言从SGML、HTML发展到XML（Extensible Markup Language，可扩展标记语言），其技术上一个最大的进步就是内容和形式的分离。也就是说内容制造商完成文本的标记，出版印刷环节中的出版商和阅读环节中的读者（在显示器上）可以控制字形、字体大小、字体颜色、行距和长度、页边距和缩进、背

---

① 威廉·E. 卡斯多夫：《哥伦比亚数字出版导论》，徐丽芳、刘萍译，苏州大学出版社2007年版，第62页。

② 威廉·E. 卡斯多夫：《哥伦比亚数字出版导论》，徐丽芳、刘萍译，苏州大学出版社2007年版，第63页。

③ 威廉·E. 卡斯多夫：《哥伦比亚数字出版导论》，徐丽芳、刘萍译，苏州大学出版社2007年版，第63页。

景图像、颜色以及其他元素。这一切的实现主要是通过 XML 技术中的 CSS（层叠样式表）来实现的。“层叠样式表是将样式加到多个 HTML 文档中的一种机制。它不是将有关显示的标记直接嵌套在内容中，而是将通用的显示元素都聚集在样式表中，也就是说‘不管你什么时候看到以这种名称标记的元素，都以这种方式安排格式’。”[①] CSS 使得定义文档的外观显示更加方便、快捷和高效，以前，拥有众多文档的出版商必须反复设置同一内容在书籍、杂志、万维网、手持阅读器上的不同呈现方式，也必须重复设置相近内容（比如说一套丛书）中每一文档在同一种媒体上的显示形式，而使用 CSS 对标记过的文档进行显示格式处理就显得方便了很多。其最大的功能体现在：一份样式表可应用于许多文件，而许多样式表也能应用于一份特定的文件。CSS 的使用充分地体现了内容和形式分离的出版变革，这种变革带来的好处被《哥伦比亚数字出版导论》的编著者概括为五个方面：(1) 即使结构和格式随着表达媒介而发生了变化，文本本身不会发生变化。(2) 显示媒介可以随时间而改变以适应技术的发展。(3) 当重新运用该文件时，可以重组内容以适应不同的用途（引用或结集文章，为不同的模式或应用要求重新组织技术文献并进行升级）。(4) 如果编辑关注结构和格式，作者则可以关注文本内容。(5) 机构可以拥有所有材料，而作者可以控制单个文件。这五个方面，都对信息的组织和出版形态带来了革命性的影响，以第三点为例，出版商可以用一个简单的命令完成所有文档和部分文档内容摘要的整合，从而形成宣传小册子，也可以方便地根据用户的需要，对不同文档的不同结构部分进行拆分重组，从这一意义上说，数字出版也就是个性化、定制化的出版。

3. 基于文档分析基础上的 DTD（文档类型定义）。

---

① 威廉·E. 卡斯多夫：《哥伦比亚数字出版导论》，徐丽芳、刘萍译，苏州大学出版社 2007 年版，第 75 页。

传统出版与数字出版在生产流程上的一个重要区别是：传统出版社是面对大量而充分个性化的材料，根据材料进行结构化的编辑和设计，而数字出版商面临的第一个任务是确定该出版社的出版范围，并根据出版范围中文档的特点统一开发一套有标准组件的文档结构模式，每一类别的出版商都可以根据其出版范围内文档的特点制定其独特的文档结构模式，这种结构模式要能满足内容编辑、运营人员、印刷人员的不同需求。在数字出版产业中，文档分析的范围对于每一个出版商表现为一种个体化的决定，但这一决定对于产业的成功，对于出版企业的运作是至关重要的。

文档类型定义（DTD）是内容组织方案。如果组织方案过于复杂，则不利于编辑和运营人员的使用，如果过于简单，则不能提供足够强大的服务功能。在中国传统出版界，因为出版企业都从事各种类型（范围比较大）图书出版及期刊出版业务，因而很难用一个专有而又通用的“内部 DTD”来处理这些事情。杂志的结构与教科书的结构在根本上是不同的；不同类型的图书，如教科书与少儿类图书也是不同的，所出现的相似元素甚至不能用同一个名称，因而结构模式不可能得到统一。数字出版的这些特征召唤着中国传统出版业的专业化转型，只有这样，结构模式才能成为一种以一致的方式帮助管理和发展企业主体内容的手段。

确定出版企业的范围，是数字出版企业的一个核心，数字出版业不可能是“小而全”的，只能是“大而专”的。由于这个原因，国外出版商通常在一开始就试图非常严格地编写他们的DTD，以加强系统的严格性和出版范围的竞争力。“一般来说，过分宽的范围导致的定义结果要么是复杂抽象的，要么是中性且简单的。解决办法是开发一套定义或有标准组件的定义。”[①] 也就是说首先为特定出版物设计基本 DTD，通过基本 DTD 的相互协作，在此基础上形成包含很广范围出版物的 DTD 或模式，即存档 DTD。

结构模式的建立，需要考虑的另一个重要因素是协调读者、编辑、设计人员、技术提供商、运营商（发行商）之间的不同要求。在印刷出版时代，因为编辑、印刷和发行人员的工作各有其独特性，所以对系统的统一性要求并不严格。在数字出版中，处于产业链上的人员是在交换电子文档的相关权利而生产和发行具体的产品，所以，包括市场运营在内的所有部门现在也开始对电子文件的结构编码感兴趣。在这种情况下，数字出版商所面临的一大挑战是如何保证结构模式会满足所有员工和读者的需要。为了解决这些问题，标准 DTD 在一些组织的推动下开始产生。美国出版商协会对 ISO12083（标准 DTD 之一种）这一 DTD 曾有这样的评价：

该国际标准是一种参考文档类型定义，便于各种出版物创作、交换和存储。该文档类型定义是通用的。该国际标准为以印刷和电子形式出版书籍、文章、期刊和类似出版物提供一套构建模块的参考文档类型定义。该国际标准的宗旨是要提供一种文档体系结构，来帮助创建各类具有专门用途的文档类型定义。

结构模式作为“创作、交换和存储的文档类型定义”，与简单的标记方法的一个重要区别就是，结构模式不仅定义了文档的元素及其属性，还提供了管理文档的原则。

---

① 威廉·E. 卡斯多夫：《哥伦比亚数字出版导论》，徐丽芳、刘萍译，苏州大学出版社 2007 年版，第 83 页。

四、以标记语言为基础：对数字出版概念的重新界定

以二进制代码为基础带来数字出版理解的混乱，促使我们从影响当代出版业最深刻的标记语言来理解数字出版，无独有偶，美国的业界和出版界正是以标记语言为基础来理解出版的。作为一本大学教材，《哥伦比亚数字出版导论》用在讲述 XML 及相关技术的内容，达到了全书接近三分之一的篇幅，并认为“XML 本身，以及相关的用于定义、设计、链接、转换和标注等的标准，这些都为今天的数字出版奠定了基础”①。以标记语言为基础，对数字出版的理解应该包括对以下本质内涵的理解：

1. 数字出版，是截至目前人类历史上成本最低的出版形态。

在数字出版产业流程中，出版商首先根据自身出版的范围，在文档分析的基础上设置了结构模式，同时这一结构模式是考虑到运营商、技术提供商、读者对信息的有效利用的。对于出版社内部的编辑和设计人员来说，结构模式相当于给自己的工作提供了一个可供操作的模版，简化了工作程序，减少了衔接环节，极大地提高了工作效率，这种生产方式本身是符合文化工业化生产的需要的。其次，通过使用标记语言，形成标记文档，充分利用 XML 内容与形式相分离的特点，可以容易地实现一次创建，多次使用；一次创建，全媒体使用；一次创建，个性化定制；一次创建，永久使用的服务功能。如需要将 XML 文件转换成另一种类型的文件（一份排版文件，一份 HTML 文件，一份电子书文件），并用一份样式表详细规定所需要的外观，都是十分方便的。在数字出版的前期阶段，对结构模式的确立考验着出版商的胆识和智商，但在形成产品的过程中，其成本却是人类出版史上最低

① 威廉·E. 卡斯多夫：《哥伦比亚数字出版导论》，徐丽芳、刘萍译，苏州大学出版社 2007 年版，第 57 页。

廉的。

2. 数字出版是全媒体出版。

印刷出版，有些人理解中的传统出版，将作为数字出版的一部分而存在。学界，作为“概念生产工厂”，生产出了概括目前出版形态的一系列概念：电子出版、网络出版、多媒体出版、数字出版、全媒体出版等。从目前来看，“电子出版”和“网络出版”“多媒体出版”三个概念只是对当下出版形态的部分把握，全媒体出版对当前出版介质的把握是准确的，但仅仅从介质本身去理解出版，存在着一定的局限性。数字出版从技术的角度界定目前的出版形态，尽管容易误导人们对数字出版技术基础的认识（全媒体出版也会带来相应的误解），但因为其已经在学界、管理界、业界受到了广泛的重视，我们可以以“数字出版”来命名我们当前、甚至未来一段时期内的出版形态，并且对这一概念界定其技术基础。数字出版就是全媒体出版，我们没有必要再造新概念，而忽略了对概念内涵和外延的把握。

数字出版是相对传统出版的概念而提出来的。如果我们把传统出版看作是一种出版流程，则这种流程将很快被“颠覆”，甚至消亡；如果我们把传统出版看作是纸质出版，一种传统介质形态，则这种形态会作为数字出版全媒体形态中的一种而永远存在。

3. 数字出版是基于知识板块的出版（article-based publishing）。

数字出版区别于传统出版的最根本点在于：因为技术的发展，对信息的组织方式发生了革命性的变革。一个最为突出的特点便是以前是基于书本的出版（book-based publishing），书本（杂志的一期）是出版的最小单元；数字出版是基于知识板块的出版（article-based publishing），文章（书本中的章节）甚至更小的层次是出版的单元。信息组织方式的这种变化，使得个性化、定制化的出版成为了现实，一个命令就可以实现信息的任意

“组装”。在这里，笔者不认同把交互性作为数字出版的本质特征，因为“出版”说到底跟“传播”有一定的区别，任何信息都可以“传播”，但只有组织良好的知识才算得上是“出版”，而交互性更多地指向的是传播的一种特质，而非信息组织方式的一种特质，是否属于数字出版，与交互性没有任何关系。从这个意义上讲，数字出版仍然是内容产业，但这是一种信息组织更现代化、智能化的内容产业，如果不了解这些技术，我们同样无法做好数字出版产业。

4. 数字出版是现代管理流程。

首先，数字出版是对数字权利的一种管理流程。数字出版与传统出版的另外一个重大区别在于：传统出版出售的是具体的文化产品，如一本书或者杂志；数字出版出售的是版权，这种版权可以在时间上、信息量、使用范围、显示形式等方面进行严格的区分。在使用范围上，既可以是有终身复制的权利，也可以是有复制多少份的权利，也可以是只有一次阅读的权利；在使用时间上，既可以是使用一小时的权利，也可以是使用一年的权利；在信息量上，既可以卖其中的一章，也可以只卖内容摘要；在显示形式上，既可以是手持阅读器版，也可以是纸质版。数字出版说到底是对数字权利的一种管理流程。

其次，数字出版是对信息组织方式的一种管理流程。在传统出版社，内容制作、设计、印刷、发行各环节的独立性很高，而在数字出版领域，信息的最初组织方式必须考虑到产业链各环节对于信息的利用，一体化管理必然要求信息组织方式的变革。反过来，这种信息组织方式也为管理的便利化提供了基础，比如说，在数字出版领域，如果总编辑想了解各个编辑工作进展的情况，只需要输入一个命令就可以建立一个工作情况列表，而不用到各个编辑室去仔细询问。

五、结语

在国际学术话语体系中，数字出版的概念产生自模拟媒介（analogue media）向数字媒介（digital media）过渡的时代背景下。因此，要理解数字出版，首先要了解媒介形态的转变。在传播科技领域，模拟的意思是一种物理属性（physical properties）可以用另一种模拟的物理形式储存下来。[①] 比如在传统的出版流程中，印刷本就是手稿的模拟体（anaglogue object）。在数字媒介内容生产过程中，输入资料的物理属性，如光和声波，并非被转换成其他物理形式，而是转换成数字（numbers）；即，转换成抽象的符号而非模拟的、物理的实体。[②] 后人类理论家海尔斯（N Katherine Hayles）就指出，当我们在 Word 上直接写作时，每个字母立即表现为数值（numerical value）——一种电子的回应，而非表现为呆板的印记（mechanical impression）——一种“锤击”打字机的回响。[③] 与模拟媒介相比，数字媒介的特点是：（1）去物质化（dematerialization），即媒介内容和它们的物理载体相分离；（2）资料可以被压缩成非常小的体积，只占很小的空间；（3）人们可以用非常快速而且是非线性（non-linear，如超链接）的方式获取资料；（4）更易于操控。[④] 但这些理解忽略了数字技术中对现代出版影响最为重要的数字技术手段：标记语言。数字出版是一个实践性意味很强的概念，应该给出一个更加

---

① Lister，Dovey，Giddings，Grant，& Kelly. New Media：A Critical Introduction（2nd edition），Routledge，2009：17.

② Lister，Dovey，Giddings，Grant，& Kelly. New Media：A Critical Introduction（2nd edition），Routledge，2009：18.

③ N Katherine Hayles ‘Virtual bodies and flickering signifiers’，in How We Became Post-Human，ed. N. Katherine Hayles，University of Chicago Press，1999：26，31.

④ Lister，Dovey，Giddings，Grant，& Kelly. New Media：A Critical Introduction（2nd edition），Routledge，2009：18.

接近实践、能概括和提升实践的界定。《哥伦比亚数字出版导论》是由业界所书写的，他们与本文作者关注的数字出版核心技术趋于一致。基于以上的论证，本文作者对数字出版的界定是：

出版的本质在于信息（知识）的组织，数字出版和传统出版的本质区别在于信息组织方式发生了革命性的变革，而这种革命性变革的技术基础，如果界定为 0 和 1 的二进制代码，则过于宽泛了，这也导致了我们对数字出版理解的歧义。这种歧义让相关各方在中国的文化环境中完成了自己的利益诉求。真正对出版信息组织方式产生根本影响的是标记语言，因此，以标记语言作为数字出版的技术基础，具有现实性，也容易让我们透析数字出版的本质。数字出版以标记语言为基础，标记语言所具有的重要特征：标记的丰富和联想性、内容和形式的分离、文档分析基础上的结构模式对数字出版的生产流程起着决定性的影响，具体表现在：成本最低廉、全媒体覆盖、个性化定制、管理一体化。因此，数字出版可以界定为：以标记语言为基础，以全媒体为显示形式，以强大的链接、搜索功能和个性化定制功能为主要特点的知识组织和生产方式。

第一部分 传统出版业转型

巴诺：传统书店数字转型的得与失

20 世纪 90 年代以来，随着网络书店和在线阅读的兴起，传统书店中的独立书店、连锁书店、超级连锁书店纷纷倒闭。“书店之死”的讨论曾经甚嚣尘上。在今天的都市街道上，虽然还能看到书店透露出的星星灯光，但这只是大浪淘沙后的“硕果”，仿佛在诉说着纸质阅读的坚韧和魅力。

在传统书店的倒闭潮中，全美第二大零售书商鲍德斯书店的倒闭无疑具有轰动性效应，其“轰然倒下”的启示意义仍然值得我们继续玩味。为了应对数字时代的挑战，鲍德斯书店在 1998 年开始创办网上书店。但鲍德斯书店对自己实体连锁店的零售业务更加重视，他们甚至提出了“围绕实体书店开展网上书店业务”的经营策略，这一策略的悲剧性结果是：鲍德斯网的运营收入远远落后于亚马逊网和巴诺网。2000 年，鲍德斯网站营业额只有 2 700 万美元。鲍德斯书店于 2001 年宣布将他们亏损的网上销售业务移交给亚马逊，由后者负责经营和管理。这一举措对鲍德斯的发展影响甚微，但使得亚马逊的网上书店业务如虎添翼。有人事后认为，“这是鲍德斯书店犯下的一个致命错误。让亚马逊打理鲍德斯网络书店，岂不是与虎谋皮？2007 年，鲍德斯新上任的总裁认定此事实属荒唐，收回了鲍德斯网络书店业务，无奈为时已晚，亚马逊已是一手遮天。”[①] 商场总是残酷的，

① 练小川：《鲍德斯破产敲响出版业的警钟》，《出版参考》2011 年第 7 期。

它并不会因为你勇于变革或者已经变革了就对你有所眷顾。“鲍德斯之死”可以归因于其战略的失误，但其战略何尝不是传统书店面对技术化浪潮这一颠覆性新事物时众多选择的一种，选择是仓促与被动的，同时选择也无法突破原有的认知局限和物质条件。

对人和企业来说一样的是：成功与失败有时并不完全由自己掌控。掌控命运的事留给少数强者，捍卫传统书店尊严的使命落在了巴诺书店的头上，更准确地说，巴诺书店在面对挑战大于机遇（也许对于一个在传统技术环境中已经成功的企业来说，新技术的挑战总是大于机遇）的新技术浪潮时，其所采取的发展战略攸关传统发行商如何参与数字知识生态，如何在数字知识生态中确立自己的地位。

一、“两条腿战略”：创新的保守战略?

根据生命周期理论（Life Cycle），巴诺书店的发展历史可分为四个阶段：

第一阶段：1873—1965 年诞生期。巴诺书店于 1873 年成立，起初是伊利诺伊州的一家出版社，至 1917 年在纽约市开办第一家书店。伦纳德·雷吉奥（Leonard Riggio）于 1965 年以很少的投资建立学生交换书店（SBX），并很快使得巴诺以成熟的店员队伍、丰富的书目和优质的服务成为纽约最好的书店之一。

第二阶段：1966—1975 年成长期。伦纳德·雷吉奥通过大学书店起家后，逐步运营到 7 家书店，并通过在第五大道开设“世界最大书店”一跃将巴诺书店发展成为拥有 150 000 种教科书、覆盖 50 个州、多达 600 家大学校园连锁书店的企业。1975 年巴诺书店成为首家打折销售书籍的美国书店，比《纽约时报》畅销书榜单书籍的价格便宜 40%。

第三阶段：1976—1993 年扩张期。巴诺书店于 1987 年收购道尔顿出版社（B. Dalton）宣告收购浪潮的开始，接连收购戴布尔顿书店（DoubleDay Book Shops）、斯克里布纳公司（Scribner）、BookStop 公司，与星巴克合作打造休闲阅读体验的超级书店。巴诺书店于 1993 年在纽约证交所上市。

第四阶段：1994—2013 年转型期。网上书店与电子阅读器的推出是巴诺转型期的两个标志性事件，尤其以 Nook1 代的推出，标志其正式进入电子书市场参与竞争。（1）1997—2003 年巴诺书店在 CompuServe 网站上售书，之后建立自己的网络超级书店，收购 SparkNotes. com（由哈佛学生发起考试指导网站）和史特林出版社（Sterling Publishing）；（2）2003 年后巴诺书店开始认识到电子书市场的重要性，于 2009 年开始在网上出售电子书，陆续研发自己的电子阅读器。并成立 Nook 设备的子公司“Nook Media LLC”与微软（Microsoft）和培生（Pearson）联合拓展其数字出版业务。

巴诺书店发展大事年表

年份	运作手段	结果/意义
1917	纽约开设巴诺书店	第一家巴诺书店
1965	伦纳德·雷吉奥投资 SBX	校园巴诺的雏形
1971	伦纳德·雷吉奥收购巴诺书店	
1974	巴诺在电视上播出售书广告	第一家播出电视广告的书商
1975	以惊人的 40%折扣售书	
1987	收购道尔顿出版社	一夜之间成为拥有 797 家书店的全美第二大书商

续表

年份	运作手段	结果/意义
1989	收购德克萨斯州的 BookStop	经营重心从房地产转向零售业
1990	提出超级书店概念	是如今巴诺 96% 书店的经营模式
1993	与星巴克咖啡合作，书店专供咖啡	形成巴诺书店的一体化经营理念
1997	Superstore on America Online	
1998	企业网站 Barnes & Noble. com 成立	开始网络销售
2001	收购 SparkNotes. com	出版学习指导、教辅书籍
2003	收购史特林出版社拥有超过 5 000 种图书资源	丰富图书资源教育、儿童读物 、拼图、游戏、小说、工艺、摄影、烹饪、成功学和经典书籍
2009	建立电子书城 Nook Bookstore 推出第一款 Nook 电子阅读器	正式打入电子阅读器市场
2010	Nook Color 推出	彩屏电子阅读器
2011. 5	Nook Simple Touch	售价 79 美元的低价阅读器
2011. 11	Nook Tablet	跻身平板电脑市场
2012. 1	微软入股 Nook Media LLC 17. 6%	与苹果、亚马逊抗衡

续表

年份	运作手段	结果/意义
2012. 9	Nook HD/HD+	7 英寸和 8. 9 英寸高清阅读器
2013. 1	培生集团注资 8 950 万美元	内容和服务更广泛地被学生和教师所使用的战略的一部分
2013. 3	Nook Glowlight	可夜间阅读的电子阅读器

（整理自：www. barnesandnobleinc. com）

如果我们尊重巴诺书店对自己历史的表述，我们就会发现巴诺开始在图书发行界真正产生影响还只是 20 世纪 80 年代的事，也就是说，它刚刚以新锐的姿态崭露头角，就又面临着可能被新一轮技术所淘汰的境遇，但正因为如此，它才不会像独居市场几百年的百年老店那样显得痼弊难除。面对新技术的挑战，巴诺书店的转型战略事实上是在两个向度上展开的：一是继续保持和深入挖掘其在传统图书服务和销售方面的市场占有率和价值；二是积极开拓数字出版业务，以抗衡网络书店巨头亚马逊的影响力。

1. 对传统图书服务和销售市场占有率和价值的挖掘。

在巴诺书店董事长伦纳德·雷吉奥看来，书店应该有两个主要的功能：一是休闲娱乐功能，即常常被研究者所称道的“书店是个舞台，而卖书好比剧院，人们到书店来不仅是为了挑选自己喜欢的作品，也是为了休闲娱乐”。一个综合书目仓库、一个音乐和软件商品部、一个杂志经营部、一家咖啡厅、一个游乐场地成了巴诺书店的“标配”；二是教育功能，即让书店成为教育场所，不仅仅是读者进步的场所，也是员工进步的场所，达到让爱书的人为读书的人服务的目的。为了让巴诺书店的员工爱书，充分激发员工的主人翁意识，巴诺书店在20世纪90年代就进行了股份制改革，300多名公司管理人员拥有10%的公司股份，4 000多名巴诺书店员工持有公司股份，这意味着公司与员工之间建立了“一荣俱荣、一损俱损”的关系。有人把巴诺书店的两种功能理念理解为“实践文化休闲中心理念”和“打造社区活动中心”，这无疑也是正确的。巴诺书店在美国的49个州和哥伦比亚区的591家超级书店都是社区书店，社区书店也是社区的文化中心。巴诺书店在打造文化休闲中心之外，每年还在不同国家、不同社区根据当地居民的文化喜好举办上万次的读书讨论会、儿童故事会、专题报告会、签名售书等，力图在传统图书销售中实现全方位的服务，不仅在“任何时间，任何地点，提供任何需要的书籍（Anytime，Anywhere，Anybook）”，而且力图满足在阅读过程和间歇中所产生的其他需求，如1993年与星巴克咖啡合作，提供书店专供咖啡等。网络书店风起云涌之后，在传统书店的倒闭潮中，在日益萎缩的市场需求中，巴诺书店依然抓住了扩大占有市场份额的机会。2001年收购SparkNotes.com，开始出版学习指导、教辅书籍；2003年收购史特林出版社超过5 000种图书资源，丰富教育、儿童读物 、拼图、游戏、小说、工艺、摄影、烹饪、成功学和经典书籍等图书资源。有研究者在总结巴诺书店在传统图书销售领域取得成功的原因时，认为其成功主要得益于三个方面：“其一是其首创的超级书店的经营模式；其二是无缝隙链接读者的经营理念和服务方式；其三是其领先市场的战略，进军电子商务、游戏软件、图书出版等领域。”① 前两条可以说是对巴诺书店传统图书业务的精辟概括。

2. 对数字出版业的开拓。

1997年，巴诺书店开始进入图书网络销售领域，这比亚马

① 周静：《透视美国最大的超级连锁书店——巴诺》，《出版发行研究》，2003年第12期。

逊晚了至少4年时间。正是因为这4年时间，在网络图书销售方面亚马逊对巴诺形成了很强的竞争优势。从经营模式看，巴诺书店的图书销售可以分为三个阶段：一是以实体连锁店为核心的纸质书线下配送阶段，二是线下配送与网上书店结合的阶段。三是电子阅读器、网络书店、线下配送的多渠道经营阶段。实际上，巴诺书店进军电子出版业的进度较其他企业与出版商稍显缓慢，这缘于巴诺书店在20世纪90年代的收购和股权交易行为对企业结构和企业战略的影响，规模的扩大在一定意义上牺牲了吸收技术的最佳时机，并且，电子阅读器业务完全由 Nook Media LLC 子公司而非电子书业务部门单独负责。巴洛书店摆脱纸质业务衰落的方式主要有：

一是实体连锁与物流结合经营的萎缩。巴诺书店的连锁店与物流配送业务形成了其从诞生到发展扩张这一传统出版时期赖以生存的最优质的配送服务。“巴诺的实体物流中心为巴诺旗下的所有的需求体供应图书及其他产品。巴诺根据美国本土的地理位置对于物流中心的配置采取东西两侧向中部辐射的方式。在技术上拥有可拆卸式货架、移动式商品条码扫描设备等；在配送管理中采用了商品条码和计算机管理系统，实现了商品入库、验收、分拣、出库等物流作业全过程的计算机管理控制”[①]，覆盖全美的实体连锁店网络是巴诺书店配送服务得以实现的基础，巴诺网上书店开始运营后更是推出了24小时送达服务，辅助以UPS等其他合作商实现全美的配送服务。2011年，巴诺宣布其在线销售额中电子书比重已超过纸质书籍。[②] 但是，随着电子书销售量逐渐超过实体书销售量，巴诺实体书店运营情况并不乐观。仅从门店数量看，“巴诺书店零售书店的数量在2008年达到顶峰，当

---

① 陈磊：《巴诺书店的物流体系》，《出版参考》2006年第46期。

② 参见《美最大书店在线销售额中电子书已超纸质书》，《计算机与网络》2011年第5期。

时共有 726 家零售店，这还不包括刚刚关闭的道尔顿连锁书店。”① 截至 2013 年 1 月 23 日，巴诺旗下拥有 689 家零售书店，此外，该公司还运营着 674 家大学书店。美国巴诺书店零售部门 CEO（首席执行官）米歇尔·克里伯在接受采访时表示，未来十年中，该公司将关闭旗下三分之一的零售书店。在实体书店零售方面，巴诺书店实际上正逐渐将重心回归到大学书店业务，而社区书店、超级书店所占的比例正在不断下降。实体书店运营的亏损是巴诺书店不得不更多地减少实体连锁店面的数量的直接原因。

二是网上书店的自主经营。巴诺对自己的网上书店业务十分重视，在与贝塔斯曼（Bertelsmann）合作开设网上书店后，又将股权收回，自己全面控制在线销售业务。“1997 年 5 月他们宣告开始经营网上销售业务，开设了自己的网上书店，即巴诺网上书店；1998 年，贝塔斯曼开设了图书在线网上书店，购买巴诺网上书店 50%的股票，投资 2.02 亿美元，成为美国第五大图书零售商。巴诺 2003 年买下贝塔斯曼的巴诺网上书店股票，第二年即全面控制在线售书业务，虽然巴诺网上售书是与巴诺书店分开经营的，有不同的股份结构，但两家在收买和管理投资及其他事务方面还是紧密相连相互合作的。”② 值得一提的是，1999 年，巴诺连锁书店网站与亚马逊网站是主要的竞争对手。此时巴诺的营业额达到 2.02 亿美元、亏损 1.02 亿美元，而亚马逊的营业额达到 16.3 亿美元，亏损 7.19 亿美元。③ 亚马逊的巨额亏损在当时可能并未让巴诺警惕亚马逊是潜在的最大威胁，然而鲍德斯书店的错误策略，让亚马逊迅速扩大了市场份额，并最终走出了困境。

---

① 王乾任：《谁打倒了曾经所向无敌的连锁书店》，《出版参考·业内资讯版》，2013（5）：35.

② 魏龙泉：《从亏本到赢利的亚马逊网络书店》，《出版参考》2012 年第 28 期。

③ 参见贾森·爱泼斯坦：《图书业》，杨贵山译，中国人民大学出版社 2006 年版，第 116 页。

二、Nook：是不是巴诺书店的救命稻草？

巴诺书店的领导人是这样认识新媒体引领下的出版产业变革的："我们必须做出决定，要么建立自己的生态系统，要么加入别人的。"巴诺在传统出版领域构建了自己的生态系统，不仅实践了社区文化活动中心的理念，而且还销售绝版书、再版书、二手书以及游戏、音乐、电影等。巴诺在数字出版领域的举措是通过电子阅读器扩大自己的销售渠道，力图建立自己的新技术生态系统。"巴诺与鲍德斯的差别在于：巴诺有一个自主品牌的电子书阅读器和一个蒸蒸日上的电子书店。"① 2009 年，巴诺书店推出了自己的第一款电子阅读器 Nook，其名称标志着巴诺书店改变图书销售生态系统的决心。虽然比亚马逊的 Kindle 整整晚了两年，但是 Nook 一上市就被抢购一空，这宣告巴诺书店正式打入电子阅读器市场。首次推出的抢购热潮一方面得益于其产品设计（开源系统、开放格式、良好的使用体验）和其品牌影响力，另一方面则是电子阅读器的出现标志着巴诺书店的图书、音像制品等数字内容数据库（号称 100 万种图书，3 000 万种绝版书、二手书和稀有书）移植到了移动终端上，消费者使用巴诺图书资源的方式更加便捷。

Nook 的上市，拓宽了 B2C（Business-to-Consumer 商家对客户）的经营渠道，帮助巴诺真正转型为在电子书市场和网上书店市场具有双重竞争力的企业。巴诺书店是目前唯一能为消费者提供实体店浏览、电子商务以及通过巴诺或其他品牌的设备进行电子阅读的多重选择的企业。虽然 Nook 比 Kindle 晚了两年才进入市场，但在功能评测和用户体验等方面，相比 kindle，Nook 毫不逊色。然而，亚马逊在电子书出版的寡头垄断地位似乎已经难以

① 练小川：《阅读器，巴诺书店的救星》，《出版参考》2011 年第 16 期。

撼动，而巴诺书店一方面要应对巨额投资下的惨淡回报，另一方面又要与亚马逊进行激烈的竞争以抢占市场。2012 年，《纽约时报》网站报道称，巴诺书店正在电子阅读器市场挑战亚马逊的领先地位，不过亚马逊的增长速度仍比巴诺书店更快。数据显示，巴诺书店 2012 年在电子阅读器市场的份额为 27%，而亚马逊则至少为 60%。2011 年，诺基亚总裁史蒂芬·埃洛普在给员工的备忘录中提到，“今天的竞争不再是单纯的终端设备的竞争，它已经演变成不同生态系统之间的竞争，这个系统不仅包括硬件设备和软件，还包括开发者、应用程序、电子商务、广告商、搜索以及社交网络等组成部分”。尽管巴诺书店并不是一个技术商，但其对新技术主导的知识生态的理解却是深刻而独到的。面临强势的竞争对手 Kindle，Nook 要想赢得市场主导地位还必须解决以下的问题：

一是技术优势如何转化为市场优势。在技术和性能上，Nook 阅读器并没有被 Kindle 击垮。与 Kindle 相比，Nook 支持 EPUB 格式因此能够获取更多的开放电子书资源，而 Kindle 有自己的专门格式 AZW，能够实现电子书产品的差异化和独立性。由于开放电子书资源的关系，Nook 实际上变向分流了部分在电子阅读器上购买电子书的客户：一方面，美国开放图书计划、美国国家学术出版社、古腾堡数字化图书馆等开放资源都能在 Nook 上使用；另一方面在电子阅读器方面，两者都采用了 Eink 技术的屏幕，并通过推出新款增加了夜光功能（Nook Glow light 与 Kindle Paper white）。在推出阅读器的同时，亚马逊和巴诺书店都推出了平板电脑，而 Nook Tablet 作为平板电脑并没能撼动苹果和 Kindle Fire 的平板电脑市场占有率。在《数据显示 iPad 成为 2013 年美国最畅销平板》的报道中我们得知：2013 年 1 月 Nook 在安卓系统平板电脑中仅有 10%的占有率，安卓平板电脑只占平板电脑市场的 8.7%，从专营电子阅读器到与各大个人电脑厂商争夺平板电脑市场，亚马逊和巴诺都颇显无力。在平板电脑逐渐占据 3C（计算机、通讯和消费电子产品三类电子产品的简称）市场的同时，巴诺电子阅读器的优势并未给他们带来巨额的销售盈利或者令人满意的市场占有率。

二是如何从被动的定价策略转向主动的定价策略。“一款成功的电子图书阅读器必须具备三个条件：海量的电子书库；便宜的价格；快速方便的购买体验。”[①] 亚马逊和巴诺书店均号称自己有百万数量的电子书库，而在价格竞争上，巴诺书店已经无力和亚马逊竞争。具有垄断争议的电子书定价模式使得亚马逊以极低的价格出售其电子书，获得最大的市场份额。在亚马逊网站上甚至能够买到价格比巴诺官网还要低的 Nook 阅读器。巴诺的亏损使得其不得不采取“当前利润最大化”的定价策略来对抗亚马逊“市场份额最大化”的定价策略。[②] 恶性价格竞争使得巴诺书店无论是电子书市场占有率还是销售额都无法与亚马逊相提并论。由于电子阅读器支持开放格式，巴诺书店甚至不得不拒绝在网上书店出售亚马逊出版的图书，来保证销售渠道的畅通。2012 年，新浪财经在《美最大连锁书商巴诺书店“封杀”亚马逊出版图书》的报道中提到，“美国最大连锁书商巴诺书店（Barnes&Nobles）表示，将不会出售亚马逊出版部门出版的图书。巴诺不再销售的书籍还包括了 Houghton Mifflin Harcourt 旗下公司 New Harvest 出版的图书。”随之带来的是由定价策略引发的一系列恶性循环。2013 年 1 月，中国出版研究院主办的数字出版信息网在《为什么 Nook 只能是“老三”?》一文中指出，“巴诺书店报告指出，节日期间的店内营收下降了 10.9%。造成这一点的原因绝不仅是因为所剩下的实体店不多了。目前营业的实体店当中，销售额持续下降 8.2%，这种情况已经持续至少一年了。大部分原因是因为 Nook 销量的下降。除去 Nook 的部分，店面销

---

① 练小川：《美国：由 Nook 阅读器说开去》，《出版参考》2010 年第 12 期。

② 参见菲利普·科特勒、凯文·莱恩凯勒：《营销管理（第 14 版）》，王永贵译，中国人民大学出版社 2012 年版，第 422 页。

售额依然在减少，但是幅度只有3.1%。”

三是如何修正产品定位与用户需求的错位。巴诺书店将原本实体书店以书库、咖啡馆为构成要素的特色阅读场所转为售卖Nook阅读器的展柜区域。此举意在通过传统书店普及电子阅读器，来推动电子书的销售。实际上，走入书店的消费者更多的是对纸质书的需求。巴诺的问题不在其阅读器，而是在其阅读器的产品定位与其消费者需求不符。一名lifefyre用户认为巴诺书店完全没有必要在实体书店开设Nook的展柜。Nook在平板设备的指标上表现抢眼，电子阅读器已经渐渐不再是市场的重心，和苹果相比，Nook的品牌价值微乎其微。购买巴诺书店的设备几乎都有悖常理了，特别是该产品还是要和苹果、亚马逊争市场的。

三、结语

出版商William Petrocelli在《The Circle of Thirteen》一书中认为，移动互联技术的发展，使得很多人选择在传统书店看纸质版本的图书，然后再去网上购买或者下载电子版本。从这个意义上讲，实体书店最为重要的功能是橱窗功能，而其以前最为重要的售卖功能已经不合时宜了。Nook Media和巴诺连锁书店确实存在着一种此消彼长的关系，这主要表现在由巴诺实体书店所产生的外部效应可以转化为电子消费的内部效应，这也是Nook阅读器最初发展迅速的原因，这种外部效应并不只能被Nook转化，Kindle以更低的价格同样可以实现。所谓营销、技术、战略的竞争最后都体现为成本和价格的竞争，这也是巴诺书店当年屡试不爽的成功经验，但是这一规律同样被更为强大的Kindle所驾驭。巴诺书店董事长伦纳德·雷吉奥在2012年致股东的信中说：“变革是巴诺的精神特质，我们将重塑自身和出版产业视为长远的发展战略，而不仅仅是一种生存策略。”毫无疑问，时至今日，巴诺仍然是一个富有创新精神特质的公司，因为其主动的创新战略，在与鲍德斯的对攻战中，它笑到了最后。但今天，巴诺面对的是一个和自己一样具有或者相比之下更有创新特质的企业，Kindle 的先发优势和规模优势无疑对巴诺形成了一种强大的压力。商场有时并不会因为你勇于变革就对你有所眷顾，巴诺书店所实施的一系列数字化战略是否最终让公司被数字化革了命，一切还有待继续观察。

培生教育：如何在数字时代切割教育出版大蛋糕？

教育出版一直是出版界的大蛋糕，中西概莫能外。现代社会，学习已经变成了终生的事业，教育出版在出版蛋糕的份额有增无减；与此同时，数字技术带来学习方式和知识传播方式的革命性变革。要想在教育出版领域保持领先地位，甚至获得更大的市场份额，就必须顺应技术发展的潮流，把握消费者对于学习知识的新需求。市场如逆水行舟，技术在大浪淘沙，但新技术总是给“幸运儿”新的机遇，拓宽其发展的轨道。作为一家“百年老店”，培生在数字技术浪潮中再次抓住了历史机遇，保持并增强了自己在教育出版的全球领先地位。在中国教育出版艰难转型的抉择中，培生的借鉴意义何在？是什么让培生再次成为幸运的那一个？中国教育出版企业中谁又会成为幸运的下一个？

一、培生战略盘点：得与失背后的路线图

培生父子 1844 年从一家小建筑商起步，后来因收购了一批报社，组建了威斯敏斯特出版社（Westminster Press），在 1920 年正式转入出版业。近百年来，培生成为全球出版业的翘楚，这一方面得益于“日不落帝国”的殖民历史及发展中国家实现现代化的现实需求，造成的英语成为“世界语言”的局面；另一方面，则得益于培生出色的公司发展战略，其随着技术发展不断

成功转型的“弄潮”本色。很多人都注意到了培生的并购与其发展之间的内在关系[1]，但较少有人注意到的是：与并购的扩张行为相反，培生的经营范围却越来越小了。尽管培生集团有金融时报集团、企鹅集团、培生教育集团三大支柱，但培生教育集团占培生整体利润的65%以上。不时传出的金融时报集团将可能被转让的消息，也说明金融服务不是培生未来发展的重点方向。在并购扩张和业务缩小之间，培生无疑是抓住了数字时代教育出版变革的新方向，这种新方向何在？这不得不从培生在数字时代的战略选择谈起。

并购是关乎企业未来发展的战略性决策，如何取舍是并购的关键。“在评估兼并的竞争有效性方面，管理者越来越不仅仅注重交易的规模，而是更加注重提高经营效率的可能性。”[2] 在数字时代如何让并购实现 1+1>2 的效果，如何重组并购部门并提高利润和市场占有率，是任何并购战略所必须思考的关键问题。培生的成功之处就在于其并购降低了生产成本，提高了市场占有率和生产效率，构建了符合数字时代的内容生产平台。如果我们梳理一下半个多世纪以来培生的并购项目，就会发现培生在一次次的并购中勾画着自己的“市场版图”。

1. 培生收购的项目有：

1920 年，培生收购一批报社，组建了威斯敏斯特出版社（Westminster Press），正式转入出版业。

1957 年，培生收购当时已是自己合作伙伴的金融时报。

1968 年，培生收购以字典、百科全书、社科图书闻名的朗文出版公司（Longman）。现在，朗文被划入培生高等教育业务领域。

---

① 参见谢清风：《培生集团的并购发展战略分析》，《现代出版》2011 年第 6 期。

② 唐纳德·德帕姆菲利斯：《兼并、收购和重组》，黄瑞蓉、罗雨泽译，机械工业出版社 2004 年版，第 4 页。

1970 年，培生收购企鹅出版社。后者通过收购多林·金德斯利公司（DK）、海雀出版社（Puffin）、花大姐（Ladybird）等品牌大幅扩张。

1975 年，培生并购美国的 Vikmg 品牌，进入美国市场。

1988 年，培生并购艾迪逊维斯利（Addison Wesley）公司。艾迪逊维斯利专门出版数学、科技领域的读物。

1996 年，艾迪逊维斯利和朗文合并为艾迪逊维斯利朗文出版社，成为当时全球最大的英语教材出版机构。

1998 年 5 月，培生兼并西蒙-舒斯特公司（Simon & Schuster）的教育出版部、参考书出版部、商业及专业类图书出版部，开拓了海外市场，并借助西蒙-舒斯特公司高等教育、国际教育、学校教育以及高科技和网络方面的优势整合了业务范围。同年底将西蒙-舒斯特公司的教育出版部与艾迪逊维斯利朗文集团合并成立了培生教育集团。

1999 年，培生将 Macmillan Software、Macmillan Reference、Prentice Hall PTR、Peach pit Press、Addison Wesley Professional、New Riders 和 Adobe press 等品牌重组建立培生科技出版集团，成为了全球最大的科技图书出版商。

2000 年，培生重组教育领域业务，以 25 亿美元购买美国的教育考试公司国家计算机系统（NCS），成为其建立起联系家庭和学校，个性化教学，连接课程、评估和测试的数字平台基础。

2003 年，培生收购著名的教育理论和教学技能研究公司 Lesson Lab，继续致力于提高教师水平、促进职业发展。目前，Lesson Lab 已经整合了培生集团的全部职业培训业务。

2005 年，培生以 2.7 亿美元收购美国 WRC 传媒集团旗下的主要出版美国中小学辅导资料的 AGC 出版公司。

2007 年，培生以 9.5 亿美元从里德·爱思唯尔集团（Reed Elsevier）手中收购哈考特评估测试公司（Harcourt Assessment）和哈考特国际教育出版公司（Harcourt Education International）美国以外的市场。哈考特教育公司曾是英国最大的教育出版商，业务以教材和在线学习资料为主。被收购后，哈考特改名为培生出版牛津有限公司（Pearson Publishers Oxford Ltd.）。同年，培生以5.38 亿美元收购远程在线学习服务商 eCollege 公司，建立起了与教育机构合作，设计、建立和支持网上学位教育、证书教育、文凭教育和职业发展项目。培生自此成为英国最大的教育出版社和在线教育服务商。

2008 年，培生开始在尼日利亚拓展非洲教育市场。

2009 年，培生共投入了 2.01 亿英镑完成并购华尔街英语（Wall Street English，WSE）公司，正式进入中国英语培训市场；另外还收购了 MML 公司南非出版业务。

2010 年，培生收购巴西教育市场中领先的 Sistema。

2011 年，培生国际教育集团投入 2.94 亿美元收购中国最大的外语教育连锁机构之一的环球雅思。

2012 年，培生共有五笔收购。分别是：（1）以 1.4 亿美元现金收购基于绩效的认证考试和模拟考试解决方案供货商思递波（certiport）；（2）以 9 000 万美元现金收购商业英语学习软件公司环球西文（Global English）；（3）以 1.16 亿美元现金从 Bertram 资本收购专业自助出版服务供货商 Author Solutions；（4）以6.5 亿美元收购美国在线教育服务商 Embanet Compass；（5）培生旗下的企鹅出版社与贝塔斯曼旗下的兰登书屋合并，培生持股 47%。

2013 年，培生花费 2 亿英镑重组管理层。与中国金吉列留学合作，推广其主办的 PTE 学术英语考试，进一步拓展在中国的考试网络。

2. 培生售出的项目主要有：

1998 年，培生出售杜莎夫人蜡像馆（Madame Tussauds）。

2000 年，培生出售投资银行拉扎迪斯（Lazard）。

2002 年，培生出售广播和内容公司 RTL 集团 22%的股份给贝塔斯曼集团。

2005 年，培生出售西班牙媒体集团 Recoletos79%的股份。

2007 年，培生出售回声报业集团（Groupe Les Echos）给奢侈品集团 LVMH；

2010 年，培生出售交互资料公司（IDC）61%的股份，培生集团获得 20 亿美元的税前收益。

2013 年，培生将其名下的 Mergermarket 业务部门以 3.82 亿英镑出售，表示出售原因是 Mergermarket 公司已经不属于培生集团全球教育战略的一部分，并准备将交易所得投入到全球教育业务中。

二、培生战略的特点：专业化的艺术

具体来讲，培生集团数字时代战略选择表现出这样几个特点：

1. 缩小业务范围。

1968 年，培生因并购朗文出版公司使得公司的经营领域出现银行、投资和出版三足鼎立的局面。1970 年，培生并购企鹅出版社，表现出对出版领域投入的重视。此时，其在出版领域的发展两翼并举，一是以朗文为核心的教育出版，一是以企鹅为核心的消费图书出版，银行和投资业务缩小。1998 年，培生并购西蒙-舒斯特教育出版部，然后与艾迪逊维斯利朗文集团合并，形成了销售额超过 20 亿美元的培生教育集团，这决定了其后几十年的发展方向。历数培生所并购的机构，我们可以清晰地发现：培生集团并购的绝大多数机构都与教育相关，属于教育出版和教育服务领域；培生集团出售的业务均与教育无关，甚至一些很盈利的非教育出版部门也被出售。

20 世纪 90 年代以来培生出售资产超过 15 亿英镑，只要是不符合自己未来发展方向的业务和机构，即使这些业务和机构很赚钱，也同样会被出售。如经营电视业务的 RTL 集团拥有丰厚的广告收入，培生集团于 2001 年售出。2013 年，《金融时报》旗下 Mergermarket 公司被出售，也侧面证明《金融时报》并不符合培生未来的发展方向。培生新总裁约翰·法伦（John Fallon）说："形势非常明确，Mergermarket 的业务不能帮助培生实现全球化教育战略。"在培生专注于教育市场时，Mergermarket 失去了存在的意义，那和教育同样不太相关的 FT 呢？恐怕被出售也只是时间的问题。

一个更值得关注的地方在于：培生集团的绝大多数并购和出售发生在 1995 年以后，正是数字技术对传统出版业提出挑战和赋予新机会的时期。有人把培生的并购战略归功于 1997 年上任集团 CEO 的玛乔里·斯卡迪诺（Marjorie Scardino），这忽略了在数字时代国际大型出版集团都在进行"步履一致"的企业转型——出版的专业化，经营范围的核心化。这种转型的优势在于：专业化、核心化的出版更容易打造富有影响力的数字平台，通过专业化产业链的衍生（从教育出版到数字教育服务的转型）可以获得市场竞争优势、提高营业利润；专业出版更符合数字时代要求企业解决一揽子问题的内在需求，也更容易发挥数字出版的低成本优势。据相关报道，在 1995 年以来的并购中，"培生的营业利润率从 10.6%增长至 15.8%，平均运营费用率从 29.4%降至 26.1%"。[①] 通过"大手笔"并购，培生事实上成为从小学教育到高等教育内容出版和数字教育服务的"巨无霸"。核心在教育，而产业链的延伸让其可以满足从学习中产生的多种需求。培生的宣传口号是"培生，一个全教育的集团。我们帮助老师教学、学生学习，培训专业人员，丰富您的头脑"，可以说培生通过专业化实现了其"全教育"的理念，"教育"是核心，"全"

① 刘益、赵志伟、杨卫斌：《培生集团的经营管理与发展战略研究》，《出版发行研究》2009 年第 12 期。

是满足教育需求的目标。培生的并购，尤其是在数字转型期以来的并购均依此而展开。

2. 做专业内容的品牌聚集平台。

培生所并购的企业本身在其市场内部有很大的知名度，甚至本身是出版市场的品牌企业，这客观上让培生成为一个品牌聚集平台。培生下属的著名出版公司包括：Longman，Addison Wesley，Prentice Hall，Benjamin Cummings，Scott Foresman，Silver Burdett&Gim，Macmillan 等，这使培生在小学教育、中学教育、高等教育、职业教育、英语教育等方面均处于国际领先地位。集中财力并购品牌企业是培生成为品牌聚集平台的必经之路，如并购维京出版社（Viking Press）、Grosset&Dunlap 童书出版公司、费德里克·沃恩出版社（Frederick Warne）等。在并购的同时，培生注重对业务的重新整合和对人才的培养和激励，取得了集约经营的效果。

3. 做专业技术的品牌聚集平台。

在讨论培生从教育出版商向数字教育服务商转变的历程时，值得注意的是：一家传统教育出版商对于数字技术的敏感和重视。20 世纪 90 年代以来，培生就并购了一系列教育技术商，客观上也成为教育技术品牌集聚平台，其旗下的教育技术品牌有：Adobe Press，Addison Wesley Professional，Macmillan Software，Que，Sams，New Riders，BradyGAMES，Macmillan Reference，Prentice HallPTR，Peachpit Press，Cisco。“2000 年，培生并购美国领先教育测试和数据管理公司国家计算机系统公司。2003 年，培生并购英国最大的考试评价实体 Edexcel，并与 Audible. com 网站合作推出有声读物。2005 年，培生并购 AGS，强化它在专门教育需求领域的出版优势。2006 年，培生再收购学生信息软件公司 Chancery，以及苹果公司的 PowerSchool 网络化软件。2007 年，培生教育并购了 eCollege 以及里德·爱思唯尔（Reed Elsevier）旗下的哈考特评估测试公司（Harcourt Assessment）和哈考特国际教育出版公司（Harcourt Education International）。”①2012年，培生又收购了美国在线教育服务商Embanet Compass。在培生旗下，截至2012年，eCollege有870万学生用户；openclass用户和K12教材用户超过10万人；MyLabs有1 000万北美学生用户与1 100万国际学生用户；powershool用户突破1 200万人；AIMS web用户达到5 600万。值得注意的是，培生集团在数字技术领域的并购集中在它的教育出版领域，注重技术公司与已有内容之间的契合度，通过并购和自建平台，引领数字教育服务的潮流。如果说内容并购使得培生获得了优质内容资源的优势，那么技术并购和平台的构筑则使这些优势成为胜势。同时，技术也优化了培生的产业流程，降低了运营成本，使得资源的聚集效应更加明显。

4. 以品牌并购布局全球市场。

英语作为“世界语言”的地位，激发了全球学习英语的壮观图景。这一现象也成为培生布局全球英语教育市场的契机，而其最有效的公司战略依然是品牌并购。“2001年，培生占有日本领先教育出版商桐原公司（Kirihara）85%的股份，进入日本市场。2008年，培生加大对朗文尼日利亚分公司（Longman Nigeria）的投入，强化在非洲的教育出版……2010年，培生并购巴西领先的教育出版公司Sistem Educaciona1 Brasileiro（SEB）的学校学习系统分部。2011年，培生并购了印度的Tutor Vista，扩大英国的教育业务和全球网上辅导业务。”②2013年，培生以7.21亿美元收购了巴西最大的英语培训机构Grupo Multi（可对比收购环球雅思的价格：2.94亿美元），该机构拥有2 600所分校和80多万名学生。对于中国教育大蛋糕，培生也加快其切割的速度。2009年，培生通过并购华尔街英语（WallStreet

① 谢清风：《培生集团的并购发展战略分析》，《现代出版》2011年第6期。

② 谢清风：《培生集团的并购发展战略分析》，《现代出版》2011年第6期。

English）进入中国英语教育市场。同年，培生又连续收购了另两家中国外语教学机构（上海乐宁进修学院、北京戴尔国际英语学校）。2010 年，培生与中国教育部达成协议：在职业教育领域开展的 BTEC 课程计划（BTEC 是一套服务于年轻人的行之有效的教育和职业间的过渡认证机制）。截至 2012 年底，培生在全球已有 460 个华尔街英语学校，学生人数达到 191 000 人。这种 B2C 的经营模式，是培生教育仅依靠授权经营的 B2B（Business to Business 企业对企业）模式之后的一种新的尝试。

显然，培生的"专业化"并购依然集中在教育领域，尤其是英语教育领域，并且所收购的企业在当地英语教育市场都具有一定的品牌影响力。通过这些并购，培生试图以最快捷和最适应本土环境的方式迅速占有本土市场，并在全球化市场中发挥其教育出版和教育服务的整体性效应。

三、专业化之外：数字时代的专业化创新

从建筑到银行、投资、出版三足鼎立，从经营多元媒体到主营教育出版，从教育出版到数字教育服务，培生在不同的时代做出了不同的战略定位。从数字出版的角度来看，其在 1995 年之后的系列并购与出售更是对出版界有颇多启示。从教育出版到教育信息服务，这可以说是培生教育的第三次的战略转型，而其间对于新技术的持续投入则是企业转型的保障。按照培生的设想，2015 年培生 70%的销售额将来自于数字化服务。在市场低迷的背景下，完成这一目标从两个方面着手，一方面是对传统出版业继续整合，比如将企鹅书屋与兰登书屋合并，在 9 个国家停止销售印刷版教材、售出一系列英国高等教育期刊等；另一方面则是投资新技术的研发，培生新总裁约翰·法伦认为，"科技的运用使得全世界范围内改变教育产品的形式变得可行"，"培生无论在哪里招募了编辑和出版商，一定会要求那里有更多的软件工程

师和数据分析师”。近几年来，培生集团每年用于新技术研发的费用大约有5亿~10亿美元。为了技术转型，培生一方面与苹果、巴诺等阅读终端合作，另一方面则是加强自己的科技创新能力。为了和电子阅读终端合作，培生把自己的课程体验预装在苹果的iPad上，并发放给47 000名学生；作为内容提供者，培生也投资了巴诺书店的子公司Book Media，通过参股新型阅读界面开拓销售渠道。

相比和阅读终端的合作，成立教育科技项目孵化器、提高企业自身的创新能力显然引起业界更多的关注。国内的新东方教育以培生的教育科技项目为学习的方向，《新东方好未来转型孵化平台　看培生怎么做孵化器》一文介绍了培生教育的教育科技孵化项目：2013年2月，培生正式实施教育科技孵化器Catalyst，在全球选拔并培训了5个创业公司；7月，与Village Capital联合成立印度的第一家教育科技孵化器项目PALF-Village Capital：Edupreneurs；8月，与华盛顿首家教育科技孵化器1776展开常驻人员派遣、培训创业公司和技术支持合作；10月，与波士顿3个教育科技孵化器联盟开展战略合作。其具体做法是：“培生内部就目前业务形势，发展方向和面临的挑战综合做评估后，拟定出7个方向。要想成为Catalyst的一员，首先要和拟定的方向对路，否则再怎么有创意的翘楚都会被pass。这7个方向分别是：资格证考试app、医疗专业模拟系统（理论学习+模拟实践）、智能英语单词学习app、MOOC教学内容插件（可为出版商上传内容并提供增值服务）、新生规划制定服务、‘数字化’呈现课本内容、鉴定学生作弊工具。”“除了英语单词学习app和鉴定作弊工具两个方向没有选出合适的创业公司外，其他方向分别选出了VLinks Media，Spongelab，Ace Learning，ClassOwl和Actively Learn 5家公司。并且，这些创业公司的产品质量比要求的更好，部分产品功能也更全面，比如Actively Learn和Spongelab。”尽管培生只给每家入选企业1万美金的种子基金，但许多企业却趋之若鹜，原因正如活动创始人兼 CEO Jay Goyal 在评价 Catalyst 时所说："和其他的孵化器主要有 2 点不同：培生真正将他们积累的市场开发经验分享出来，因为有广泛的渠道，所以认识也非常深刻。另外，在 Catalyst 里，我们可以和实际客户群体进行互动，了解他们的诉求，不断改进产品。"通过孵化器，培生和技术创新更紧密地联系在一起。培生不仅在制造新的高质量内容，也在生产新技术，通过技术和内容的结合继续引领教育出版界。

四、结语

麦克劳·希尔教育 CEO 斯蒂芬·拉斯特（Stephen Laster）认为，只有企业迅速地融入技术变革，我们才能给学生提供与时代同步的教材。培生新总裁约翰·法伦认为，教育界在经历一场从纸质教材到数字内容，从教室学习到在线学习的变革。这次变革会最终改变内容经营的模式：一次性销售必将终结，拥有配套服务的捆绑型销售才能得以延续。也许正是这种紧迫感和对未来出版发展方向的认识，才使得培生的数字化战略方向如此明确。培生在数字出版服务领域坚持内容和技术统一，同时"引领内容和技术两个车轮"的思想，最终使其成为数字教育内容服务的引领者。

施普林格：如何选择合适的技术构建数字出版平台？

1842 年，施普林格出版社在德国柏林成立。20 世纪 60 年代早期，施普林格确立了其国际性科技出版公司的地位，出版业务遍及全球。目前，施普林格科学与商业媒体集团（Springer Science+Business Media）[①] 是全球第一大科技图书出版公司，世界第二大科技期刊出版公司。根据施普林格官网报道，2012 年，施普林格出版图书 8 000 余种，英语学术期刊 2 200 余种，年营业额达到 9.81 亿欧元。20 世纪末，第五次信息技术革命给 STM（科学、技术与医学）出版业带来了前所未有的挑战。施普林格率先采用新技术，成为新环境下 STM 出版领域的领先者。

由施普林格开发的 SpringerLink 于 1996 年正式推出，是全球第一个电子期刊全文数据库。由于注重创新，这一平台在欧洲和德国获得多个奖项，并逐渐成为全球科技出版市场最受欢迎的电子出版物平台之一。2006 年，SpringerLink 升级界面，成为全球第一个跨产品的电子出版服务平台，实现了在一个平台上能够同时提供电子期刊、电子图书、电子丛书和大型电子工具书等在线资源。SpringerLink 一方面为数字化的内容提供了载体，使施普林格在数据库的建设上走在前列；另一方面为创新出版模式提供

① 2003 年 10 月，贝塔斯曼施普林格（Bertelsmann Springer）更名为施普林格科学与商业媒体集团（Springer Science+Business Media）。

了平台，在线优先出版（Online First Publishing）、开放获取（Open Access）和专业化定制出版等成熟的数字出版模式得以实现。

在数字化浪潮中，传统出版如何选择合适的技术参与网络经济？如何利用技术建设内容服务平台？如何使数字出版实现内容与技术的完美结合？这些问题是出版业在数字化转型过程中必须回答的问题。施普林格[①]构建的网络平台 SpringerLink 为这些问题提供了一些具有可操作性的答案。

一、正确应对挑战：选择合适的技术

面对以计算机和网络为代表的新技术的挑战，建立网络平台成为传统出版向数字出版转型的必然选择。在 STM 出版领域，施普林格是最先向数字出版转型的企业之一。早在互联网刚刚开始应用普及的 1996 年，由施普林格开发的全球第一个电子期刊全文数据库 SpringerLink 即正式推出。

施普林格长期以来积累的优势满足了网络平台实现盈利的两个关键条件：一是具备大规模的优势内容；二是具有大量的刚性需求客户。内容方面，施普林格的内容优势主要体现在以下三点：

1. 规模大领域广。

施普林格从事 STM 出版历时长，出版物种类多，有大规模可供数字化的内容。以 STM 图书为例，电子书回溯数据库（Springer Book Archive，简称 SBA）囊括了 1842 年以来施普林格出版的 12 万种 STM 类电子图书，包含了 21 世纪科研人员需要的

---

① 施普林格历史悠久，19 世纪末即开始系统地经营工程和医学出版。第二次世界大战后，施普林格在美国在全球范围内迅速扩张。20 世纪 90 年代，施普林格已凭借其优秀的作者、高质量的图书和期刊，确立了其在全球 STM 出版领域的领先优势。

关键基础知识。[1] 施普林格在保持优势学科良好品牌形象的同时，还不断通过并购和合作扩展学科领域，壮大自身STM出版实力。

2. 高质量。

施普林格STM出版物不仅数量多，而且影响大，形成了品牌效应。著名的期刊如《内科医生》（Der Internist），1994年发行量达到27 500册。[2] 在施普林格出版史上，多位诺贝尔奖得主在施普林格发表过论文。爱因斯坦的著名论文《狭义与广义相对论浅说》（Relativity：The Special and the General Theory）即发表于施普林格旗下出版社Vieweg。

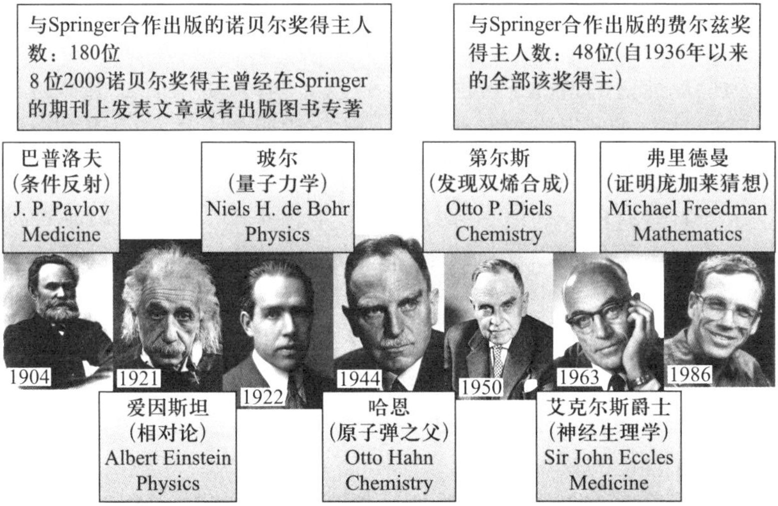

图1-1 与施普林格合作出版的部分诺贝尔奖得主

① 参见渠竞帆：《施普林格多措践行数字出版》，《中国出版传媒商报》2013年第9期。

② 戴利华：《国外科技期刊发展环境》，社会科学文献出版社2007年版，第153页。

3. 国际化。

第二次世界大战后，英语是科技出版的国际性语言，以德语为主要语言的德国 STM 出版业面临着严峻考验。施普林格在战后的几十年间，将 60 余种世界知名的德语期刊转变为英语出版，同时创办了大量英文期刊。[①] 据陆本瑞在《世界出版概观》中所讲 1991 年出版物数据，施普林格出版的英文出版物占其出版总量 60%以上，65%以上的书刊外销到全世界。由于全球范围内的 STM 出版物的客户都希望站在科学研究的最前沿，对高质量的 STM 出版物有着刚性需求。相对于大众出版商，拥有独特资源的 STM 出版商不需要将精力过多地耗费在说服客户购买自己的产品上，只需基于用户体验灵活开发出更多商业模式。施普林格的纸质 STM 出版物本来就具有广泛的国际影响力。在纸质产品很难做到全球覆盖的情况下，网络平台可以使客户更及时、更容易地发现产品。通过提供数字化产品、数字化服务，更多的用户会接触并使用施普林格 STM 出版服务。

尽管有着内容和需求优势，但对于并非技术型企业的施普林格来说，由于技术以及与技术相关的人才的先天劣势，过早地选择技术、进入数字出版实际上非常冒险。数字出版实践也表明：数字出版新技术发展很快，较早进入数字出版的企业往往让最初选择的技术拖住了后腿，无法跟上新技术发展的步伐；数字出版转型的成功与否不在于起步时间的早晚，而在于是否能选择有生命力的、合适的技术。

然而早在 1998 年，施普林格就开始应用基于 XML 技术的工作流程加工图书和期刊，覆盖包括稿件接收及编辑加工等各个环节。例如，“外包商对文章数据的处理和排版都基于 XML 格式。外包商将 Word 文档转换成 XML 文档，并在 XML 文档上进行标

---

① 参见王英雪、陈月婷：《德国科技期刊运行机制和发展环境》，《图书情报工作》2006 年第 3 期。

识工作，排版工作也是对 XML 文档进行自动化的排版。”①

从目前的实践上看，施普林格选择 XML 及其相关技术作为其网络平台的技术基础，无疑是正确的。施普林格全球收入中已有三分之二来自电子出版物。那么，施普林格为什么能够既早又准确地选择了合适的技术？笔者认为，施普林格选择 XML 技术绝非偶然，而是经过深思熟虑后做出的决定。

XML 的第一个草案发布于 1996 年，SpringerLink 正是在这一年正式推出。1998 年 2 月 10 日，万维网联盟（The World Wide Web Consortium）发布了 XML 的修订版推荐标准。也正是在这一年，SpringerLink 利用 XML 技术实现了在线优先出版。可见，施普林格当时就认识到 XML 技术在数字出版转型中的重要性，因此紧跟 XML 技术构建网络平台。XML 技术也确实没有辜负施普林格的期望，2003 出版的《哥伦比亚数字出版导论》（The Columbia Guide to Digital Publishing）认为：XML 本身，以及相关的用于定义、设计、链接、转换和标注等的标准，为数字出版奠定了技术基础。② 那么，XML 技术何以能够获得出版商的青睐，逐渐成为数字出版的技术基础？

XML 是一种简单、灵活的标记语言。XML 文档可以很容易地转换为其他格式的文档，如 HTML 网页、PDF 文件、Adobe InDesign 文件、Word 内容资源、Txt 内容资源、EPUB 电子书、Flash 流媒体文件等。XML 技术还支持在网络、手机、电子书和数字电视等各种渠道上的应用。“当 XML 于 1998 年 2 月被引入软件工业界时，它给整个行业带来了一场风暴。有史以来第一次，这个世界拥有了一种用来结构化内容资源和数据的通用且适

① 彭玲：《改进学术期刊出版流程，加快我国期刊数字化进程》，《数字图书馆论坛》2009 年第 8 期。

② 参见威廉·E. 卡斯多夫：《哥伦比亚数字出版导论》，徐丽芳、刘萍译，苏州大学出版社 2007 年版，第 57 页。

应性强的格式，它不仅仅可以用于Web，而且可以被用于任何地方。”[①] 可以说，XML及其相关技术使信息组织方式产生变革：传统出版“一次创建一次使用”的一次性出版流程，转变为“一次创建多次使用”的永久性传播方式，全媒体出版得以实现。因此，我们可以认为，施普林格之所以选择XML及其相关技术，是因为它不仅能使出版更有效率、成本更低，而且能够保证公司在相当长的时期内不为基础性的技术问题大伤脑筋，从而使公司得以集中精力利用技术创新运营模式，做好全媒体内容服务。

二、创新运营模式，完善内容服务

施普林格提出的数字优先战略，即保证出版内容优先以数字形式出版，同时提供按需印刷，让用户自由选择所需内容的形式。利用XML技术，SpringerLink生成了以下几个成熟的数字出版模式。

1. 数字优先战略的最早实践——在线优先出版。

1998年，SpringerLink采用了革新的出版方式：在线优先出版模式。在线优先出版平台采用了基于XML技术的工作流程，校对出版工作均在线完成，保障了科研成果的及时展示。外包排版商的参与也在很大程度上减轻了编辑的工作负担，为进一步保障文章的学术质量提供了便利条件。在线优先出版使用户在印刷版本出版发行前，在网络上预先获得某些图书和期刊的电子版。这样极大地缩短了科学研究成果从发现到发表过程中所需要的时间，使科研人员能在第一时间了解研究领域的最新成果，从而加速科研进展，提高科研水平。

① Jeffrey Zeldman, Designing With Web Standards Second Edition. New Riders, 2006: 103-104.

2. 开放获取的商业实践——开放选择（Open Choice）。

开放获取是指向作者或资助者收取费用来收回成本，向读者免费开放文章的阅读权限的出版模式。2004 年 7 月，施普林格创建并实施了开放选择项目，该项目提供作者在施普林格大部分知名订阅型期刊中发表开放获取的选项。以开放选择形式发表的文章可供世界各地的所有读者免费阅读。

3. 按章出版。

由于生产内容时以 XML 为技术基础，SpringerLink 上的数字出版物在推向市场时可以灵活安排内容，实现以章为单位的出版模式。在此模式下，用户可以获得更精确、更专业的内容，用户的个性化需求得以更好地满足。

施普林格在利用数字出版技术创造新的出版模式和盈利模式的同时，依然重视挖掘内容的价值，并继续推行国际化战略，在全球范围内寻找合作伙伴，拓宽用户群。

1. 完善内容：建设海量内容的载体。

1996 年 SpringerLink 建立后，施普林格就开始着手将所有新出版的期刊内容数字化；2004 年，施普林格决定将所有发表过的期刊进行数字化转换。现在，施普林格的所有期刊，甚至包括从 19 世纪中期开始出版的任意一期期刊的文章，都可在 SpringerLink 搜索到。2006 年，施普林格开始建设电子书回溯数据库（SBA），现已提前完成。SpringerLink 平台上的海量内容使施普林格从长尾市场中得到收益，大量的“冷门”内容有了增值的机会。

除了利用公司历史上的出版资源，施普林格积极寻求新的内容资源。2004 年底，施普林格与克鲁维尔学术出版社（Kluwer Academic Publisher）合并使用施普林格品牌。2005 年，克鲁维尔学术出版社在线 240 万的回溯文献合并到施普林格在线平台 SpringerLink 上。通过诸如此类的资源整合，SpringerLink 内容更为丰富。此外，通过 CrossRef，施普林格的内容可以和其他出版商和图书馆的内容实现互连，不同平台间的跨库沟通大大提高了检索资源的范围。

2. 完善平台功能。

为了增强内容的可获取性，施普林格研究用户使用平台的每个步骤，以此作为改进平台的依据。自创立以来，SpringerLink平台经过多次升级。以 2010 年推出的新平台为例，新版 SpringerLink 在原平台基础上加入了根据读者调查选出的新功能，例如语义链接和强大的简化检索页面。除了对平台自身进行改进外，施普林格积极与搜索引擎公司合作，采用拉动式网络营销策略，[①] 以增强内容的可获取性。2006 年 10 月，SpringerLink 与谷歌合作，此举使 SpringerLink 下载量有了大幅增长。

3. 国际合作出版策略。

作为一家全球性的出版企业，施普林格推行国际合作的出版策略。合作模式一般是：合作伙伴在该国国内进行内容的组织、编辑、加工和出版；施普林格提供项目评估、技术支持、编辑培训等服务，协同合作伙伴按照国际标准组织和生产高质量的学术出版物；最终产品由合作伙伴负责该国国内的发行，由施普林格负责全球范围的发行，并以数字形式在 SpringerLink 上供全球用户使用。[②] 这一策略不仅增加了平台的内容来源，而且提高了 SpringerLink 在合作国的知名度。

三、SpringerLink 孕育的新平台

围绕 SpringerLink 平台展开的一系列商业运作，让施普林格在 STM 数字出版领域走在前列。由此可以看出领先的网络平台

---

① 参见代杨、俞欣：《Springer：从传统出版向数字出版跨越的策略分析》，《出版发行研究》2008 年第 10 期。

② 参见代杨、俞欣：《Springer：从传统出版向数字出版跨越的策略分析》，《出版发行研究》2008 年第 10 期。

对于 STM 出版商的重要性。SpringerLink 从起步到成熟，不是单纯的技术创新，而是技术创新与内容完善交互进行的过程。这一过程为施普林格打造新的网络平台积累了宝贵经验。近几年，施普林格不仅仿照 SpringerLink 推出了一系列与 STM 出版有关的网络平台，而且将开放获取出版作为重点经营的对象，建立了独立的开放获取网站。

1. SpringerLink 的衍生性平台举隅。

SpringerImages	图像百科数据库
SpringerMaterials	科学、工程领域物质数值数据库
SpringerProtocols	实验室指南
SpringerReference	科学领域知识库

2. 开放获取平台。

近几年，开放获取式期刊市场迅速成长。施普林格首席执行官德克·汉克表示，“开放获取是施普林格一直大力倡导和推动的出版业务。开放获取是因特网革命之后创新商业模式和技术进步两方面的例证。施普林格看到科学家有这种需求，成为最早一批支持开放获取的出版社之一。施普林格也是商业出版社中第一家支持开放获取并允许在订阅期刊中出版开放获取文章的出版商。2008 年收购 BMC 使施普林格成为全球最大的开放获取出版商。目前全球有 10%的论文是以开放获取形式出版的，施普林格在这个新市场上约占 30%的市场份额，在传统订阅模式的 STM 出版市场施普林格占约 10%份额。相比之下，施普林格在开放获取出版领域的优势更明显。未来施普林格还将继续大力支持开放获取出版。”① 根据施普林格网站的介绍，截至 2016 年，除了

① 渠竞帆：《施普林格多措践行数字出版》，《中国出版传媒商报》2013 年第 9 期。

SpringerLink 内嵌的开放选择项目外，施普林格还为作者提供 SpringerOpen、BioMed Central 等开放获取平台。

四、选择合适的技术 把握技术与内容的关系——SpringerLink 的启示

如果说传统出版只有内容变量，那么数字出版除了内容变量，还有技术变量。因此，传统出版模式向数字出版模式转型的过程中，技术选择及利用是关键。施普林格正确的技术选择证明，数字出版转型的成功与否并不完全在于起步时间的早晚，而在于是否能选择合适的技术。以 XML 及其相关技术为基础展开的网络平台建设，使新功能得以开发和使用，新的商业模式得以确立。

施普林格尽管一直非常重视信息技术，但并没有忘记其作为内容供应商的角色。德克·汉克认为："我们应当把技术作为可以使用的工具，来帮助出版社成为科技内容供货商和数据库出版商。施普林格要利用 IT 技术来保证服务的灵活性并增强客户体验，在这一点上离不开技术。但是施普林格不希望成为一家软件公司，虽然施普林格有许多的工作流程工具，但这是为服务读者和作者的，并与内容相辅相成的，所以施普林格会提供这些软件和工具，但它们本身不能成为产品或商业模式，而是帮助我们提供服务。"① 如果没有海量的内容和对内容的大量需求，SpringerLink 平台会面临无米下锅的局面。作为 STM 数字出版实践的试验田，SpringerLink 成功之处在于以技术为手段实现了提供内容服务的目的，从而将内容与新技术完美地结合到了一起。

在数字化浪潮中，只强调内容与技术这两个变量中的一个，

① 渠竞帆：《施普林格多措践行数字出版》，《中国出版传媒商报》2013 年第 9 期。

无法形成数字出版的基本架构；只有把握好内容与技术相互结合、相互渗透的关系，才可能成功地向数字出版过渡。SpringerLink 通过更新生产流程，实现了一次创建多次使用，提高了内容生产速度，降低了生产成本；通过完善内容服务，大大提高了用户获取内容资源的效率和精确度。SpringerLink 的经验也表明，以 XML 及其相关技术为手段建立数字出版平台、提供内容服务，是 STM 出版实现数字化转型的有效路径。

约翰·威利：如何从“卖产品”转向“卖服务”？

亚当·斯密的《国富论》第一章讲的就是专业化分工，做出版也是一样的道理。一家出版企业不可能精通各行各业，贪大求全或盲目跟风都不利于出版企业品牌的打造。当然，这并不是说出版企业必须死守一个或几个出版领域不放，但受制于人力资源、社交网络、企业传统以及资本限制，进入任何一个新的领域都需要承担更大的风险。除此之外，随着社会心理和技术的发展变迁，出版企业的经营重点也需要根据社会思潮和技术特点做出调整。纵观威利的出版历程，我们会发现，威利之所以能在变化的思想和技术大潮中站在潮头，关键在于专业化：19 世纪是文学的世纪，威利专注于文学出版，博得了声名；19 世纪末 20 世纪初是工业革命的时代，威利逐渐转型为科技出版公司；第二次世界大战后，美国高等教育兴起，威利又拓展了教育出版业务。在如今的数字时代，威利致力于专业化的数字内容服务，淘汰了一些较难适应数字化转型的业务，重点经营学术研究、职业发展和教育三大领域。

一、如何选择核心业务：威利的出版专业化历程

根据杨永龙先生的考察，“威利创办于 1807 年，创办者查尔斯·威利（Charles Wiley）先后出版了华盛顿·欧文、爱伦·坡、

赫尔曼·麦尔维尔、纳撒尼尔·霍桑等19世纪美国文学巨匠的作品，使得威利公司名声大噪。1826年，查尔斯去世，他的儿子约翰·威利（John Wiley）接掌大权，并把公司正式命名为约翰·威利父子出版公司。之后，公司在约翰的主持下又接连出版了一系列欧美作家的优秀作品。随着美国工业化兴起和技术革新的浪潮，威利逐渐将关注点从文学转移到科学、技术和医药领域。由于抓住了第二次工业革命的历史机遇，公司繁荣发展。20世纪初，威利成为美国领先的科技出版公司。与此同时，公司开始从事与学生和专业人士息息相关的社会科学和商业管理方面的出版，为布局高等教育出版打下了基础。第二次世界大战后，大批军人重返学校学习，威利的大学教材、科技论文和专著销量剧增，公司取得长足的发展。随着实力的增强，威利开始在世界各地开展业务，设立了多个驻外办事机构。”① 20世纪90年代以来，计算机和互联网技术的发展给传统出版业带来了新的机遇和挑战。在此以前威利奉行的是“以产品为中心”的出版理念：出版社发现作者出版图书，然后通过发行商和书店到达读者手上。正如研究者王志刚所指出的，随着新技术的开发应用和商业模式的不断改变，“威利的出版理念也由‘以产品为中心’（Product-Centric）转变为‘以客户为中心’（Customer-Centric）：网络技术创新使出版方能够为客户提供更加符合他们需要的内容和服务，同时客户也通过网络技术让出版方更多地了解到他们的需求和市场的趋势。这种出版理念使原来‘单一直线式’的知识出版转变为‘交流互动式’的共同创造，适应数字时代知识交流与创新的特征，符合时代发展的需求。正是在这种出版理念的指导下，威利的数字出版之路逐渐走向正轨”。② 约翰·威利父

---

① 杨永龙：《品牌：专业出版的生命力——约翰·威利父子出版公司记略》，《出版广角》2004年第2期。

② 王志刚：《约翰·威利父子出版公司数字出版发展探究》，《编辑之友》2010年第8期。

子出版公司目前已成为全球性的出版集团。

威利的全球性学术研究（Global Research）业务涵盖了主要的学术领域，拥有著名品牌 Wiley Blackwell 和 Wiley VCH。公司在商业、化学出版领域位居首位，在生命科学、生物医学和技术领域也有很强的实力。作为威利的内容平台，威利在线图书馆（Wiley Online Library）收录了 1 500 余种期刊、9 000 多本图书，还提供许多种参考工具书、实验室指南和数据库。职业发展（Professional Development）业务提供的产品和服务旨在帮助用户在职业生涯中取得成功。这部分业务没有统一的平台，由威利收购的 For Dumrmies、Jossey-Bass、Webster's New World、CliffsNotes 等品牌构成。全球性教育（Global Education）业务面向美国、加拿大、中美洲、欧洲、澳洲和亚洲的在校大学生、研究生和终身学习者，出版英语教科书和成套教育材料（包括印刷和电子产品）。在线教育平台 WileyPlus 整合了威利在教育领域的内容资源，向全世界提供在线教育服务。

二、内容的专业化及其实现路径

在数字时代，所有的大型出版企业都走过了专业化的发展历程，数字化也是专业化，说到底是企业发展定位的细化，这是由技术的特征所决定的。为了领先竞争对手，尽快实现数字化和专业化转型，大型出版企业都进行了专业化并购，形成了品牌聚集平台。

1. 内容专业化：教育、科研与职业服务。

在数字出版产业发达的国家，传统出版社主导了数字出版的发展方向。传统出版企业可以依靠自己丰富的内容和雄厚的资金，进行数字化探索。20 世纪 80 年代，伴随着计算机技术的发展，威利开始开发数字产品。1982 年，威利与哈佛商业评论（Harvard Business Review）合作发行了公司史上第一份电子期刊。1983 年，威利建立了高等教育软件部门。此时全球的数字化浪潮还没有来临，却显示了威利对于新技术的敏感，为今后的数字化转型积累了宝贵经验。除了数字产品之外，面对以计算机和网络为代表的新技术的挑战，建立网络平台成为传统出版向数字出版转型的必然选择。与其他 STM 出版巨头一样，威利迅速建设了在线内容平台 Wiley InterScience（1997 年建成，1999 年投入商业运营）。数字化转型要求出版理念的转变。威利提出“以产品为中心”转变为“以客户为中心”，“单一直线式”的知识出版转变为“交流互动式”的共同创造，这些理念都反映在 InterScience 的技术细节中，比如“友好的检索界面设计、便捷的全文显示格式、个性化的管理模式以及颇具特色的服务功能”[①] 等。2010 年 8 月，威利正式向全球推出了新一代在线资源平台“Wiley Online Library”以取代已使用多年、并获得极大成功与美誉的“Wiley InterScience”。同时，所有的内容和许可都已转移至新的平台，确保为用户和订阅者提供无缝集成访问权限。

教育出版是威利的第二大核心业务。伴随传统教育出版的稳步发展，2004 年威利推出了 WileyPlus 在线教育平台。WileyPlus 是已有教科书和数字技术的简单整合，CD、PPT 只是作为理解教材的辅助工具而存在。这一教育平台最为引人注目的地方在于：利用威利常年积累的教材和教师资源，为教学构建了一个学生在线学习的交互式平台。大众出版部是威利产品线最广的部门，在这个部门，数字化程度最高的是旅游出版项目，比较知名的品牌是弗罗姆尔旅游指南（the Formmer Tarvel Guides）。在持有强大品牌的基础上，威利推出数字化旅游出版项目，提供 B2B、B2C 产品和服务，以进一步发展品牌。如弗罗姆尔网站是专门为那些精心安排旅行计划的人们准备的。围绕弗罗姆尔旅游

① 张群：《Wiley InterScience 数据库检索技术及其人性化的信息服务》，《现代情报》2006 年第 9 期。

图书品牌，在其网页上有摘录自书中的内容，也有原创性的内容，同时还有旅游信息栏、旅游计划和非常著名的一些旅游博客等，并可在线购书。但是，威利对于大众出版数字化并不乐观，2012 年，威利卖掉了包括弗罗姆尔在内的旅游、食谱等大众出版板块。相比于 STM 出版，大众读物的数字版价格远远低于纸质版，且产品数字化转型的自由度不够。更重要的是，威利已经意识到，相比于谷歌等互联网巨头，传统出版业已经越来越难以通过食谱、旅游和酒店信息获取收益。因此，威利决心把精力放在教育服务、科研服务、职业服务这三大领域。

2. 并购：大公司专业化的“利器”。

并购是大企业实现自身发展和转型的重要手段。在威利的数字出版转型过程中，我们可以清晰地看到，并购为完善内容平台提供了坚实的基础。事实上，并购可称得上是威利的传统发展战略。通过并购，威利加强了核心业务，扩展了业务范围，使企业对市场的反应更为迅速。在约翰·威利的发展历程中，对权威期刊、教材和商务图书的并购案例不胜枚举，它们在不同的历史阶段为威利创造了新的赢利点，共同促成了威利如今的成功。

在数字化转型的过程中，并购是迅速获得内容、提高技术的重要方法。网络经济时代，通过一系列有针对性的并购，威利在 STM、教育和大众出版三个领域展开了数字化转型。

在 STM 领域，纸质出版向数字化转型的动力来自于数字化技术的不断进步，科研产出的持续增长，方便论文快速发表、检索、使用的客户需求，以及降低文章使用成本、维持高水平审稿等方面的现实需求。这些动力促使包括威利在内的著名 STM 出版公司自互联网出现后迅速推出自己的数据库和数字出版平台。威利的 InterScience 平台于 1999 年投入商业运营，而该平台的成功运营主要归功于从 20 世纪 80 年代末到 90 年代威利实施的几项重要并购：

1989 年，威利吞并了以出版生命科学期刊、图书闻名的

AlanR. Liss 出版有限公司；1996 年以 9 900 万美元购进德国重要的科技出版集团德国化学学会出版社（VCH）的股份；1997 年，用 2 800 万美元兼并精于出版建筑、设计、环境科学、工业科学、商业类图书的 Van Nostrand Reinhold（VNR）出版社。[1] 对著名科技出版社的并购不仅从内容质量上大大提高了威利在 STM 领域的实力，而且为数据库建设提供了智力支持。进入 21 世纪，威利以并购充实内容平台、升级数字化产品的步伐并没有停止。对威利出版产业数字化转型影响最大的并购发生在 2007 年，这一年公司并购了布莱克威尔出版公司。这次并购进一步增强了 STM 和学术出版部分的实力，威利的 InterScience 和布莱克威尔的 Synergy 整合成一个统一的在线平台，2010 年 8 月，整合后 InterScience 升级为新一代在线资源平台“Wiley Online Library”。

在教育出版领域，WileyPlus 在线教育推出之前，威利就在 1999 年以将近 580 万美元的价格购买了培生教育出版集团的部分大学专业教材出版编辑部。2012 年，威利并购了在线教育提供商 Deltak，这使得威利的业务超出了传统的课程和学习材料，转变成为客户提供一条龙的课堂解决方案。由此，依托 STM、教育和大众出版三大板块的内容和先进的信息服务技术，威利形成了具有一定优势的教育出版产业链。

威利的职业发展业务主要包括有关职业学习的纸质和电子内容、职业考试在线课程和在线学习平台等。在 2014 年的威利投资者日（John Wiley & Sons Inc 2014 Investor Day）上，威利职业发展业务高级副总裁 Mark Allin 特别提及了为人才管理部门提供数字化服务的人才管理市场。2014 年上半年，威利收购了 Profiles International 和 CrossKnowledge。Profiles 提供 32 种语言的职业评估和人才管理服务，服务的对象是需要选择雇员和对雇员

---

① Sarah Fewster. Celebrating 200 Years of Publishing John Wiley & Sons, Inc. Publishing Research Quarterly, 2007, (3).

进行评估的雇主。在收购 Profiles 两周后，威利收购了 CrossKnowledge——一家为多国的企业和大学提供数字学习服务（digital learning services）的公司。一般而言，人力资源部门的难题是：如何雇用最佳人选，如何留住人才，如何使人才适应企业或组织的发展需要。威利这两项几乎同时的收购针对的就是这些人才管理上的难题。有调查显示，"85%的人力资源领导表示急需解决这些难题，这些人力资源领导中的90%正在积极寻求难题的整体性解决方案"。[①] 威利收购的两家公司的评估服务能够使雇主准确找到合适的雇员，CrossKnowledge 强大的学习平台能够让雇员有效发展自身的职业技能。因此，威利有望在人才管理的 B2B 市场上有所作为。

三、应对竞争：如何从"卖产品"到"卖服务"？

威利所从事的出版和信息服务业竞争激烈，主要的竞争对手有培生、里德·爱思唯尔、汤森路透（Thomson Reuters）和麦格劳·希尔（McGraw-Hill Companies）等。相较于这些企业，威利的规模并不大。"2013 财年，威利的收益为 17.6 亿美元，而里德·爱思唯尔的收益是 94.4 亿美元，培生的收益是 79.29 亿美元。"[②] 相对较小的规模可能会降低企业应对市场压力的能力。虽然如此，威利的数字出版转型使得其在电子书市场后劲十足。在 2013 财年，"由非传统内容和数字化内容（non-traditional and the digital content）产生的收益增加了 20%"[③]。那么威利面对激烈的同行竞争采取了哪些有效措施呢？

第一，收益的增加有赖于新内容的推出，尤其是混合型开放

① John Wiley & Sons Inc. 2014 Investor Day - Final [R]. JW. A corporate analyst meeting, 2014.

② John Wiley & Sons, Inc. SWOT Analysis. Business Source Premier, 2014: 01-08.

③ John Wiley & Sons, Inc. SWOT Analysis. Business Source Premier, 2014: 01-08.

获取类期刊（普通开放存取类期刊的派生物，这类期刊中的部分论文可供免费使用，而一些则不能）。[1] 2011 年 8 月，威利成为了开放获取学术出版社协会（OASPA，the Open Access Scholarly Publishers Association）的会员。2012 年，威利出版公司旗下的混合型的开放存取类期刊的数量翻了两番。另外，威利还引进了全新的“全金级别”（fully gold）的开放存取期刊（即完全赞助出版的期刊，期刊中的论文完全可以立即免费使用）。[2] 通过不同种类的开放获取服务，威利可以创造不同的盈利模式，增加收益来源。

第二，为了延长产品线和增加全球声誉，进一步提高在核心业务上的竞争力，威利一直在有目的地寻求战略性并购。例如，2012 年 2 月 17 日，约翰·威利父子出版公司宣布收购行业领先的学习解决方案提供商 Inscape Publishing 公司，这家公司的主要业务活动是基于“DiSC®;”的测评与培训产品，目标是提升职场人士在商业活动中的人际交往技能。威利花费 8 500 万美元购买了 Inscape 所有股票，其中很大一部分资金是来自合作伙伴 Sentinel Capital 的投资基金。由于 Inscape 拥有创造性的 EPIC 在线测试平台，以及由 1 700 位独立咨询师、培训教练所组成的全球精英网络，这起收购将帮助威利公司有效地利用两家公司的内容、资本和关系资源，扩张全球业务，加快向职场教学和评测市场迈进。在 STM 领域，2013 年 1 月威利收购了 FIZ Chemie

① 威利订阅学术期刊混合型开放获取模式 OnlineOpen 发布于 2004 年，获得了一些作者已出版的重要文章。这些作者愿意让非订阅者获取他们的出版作品，或者是那些资助机构要求把资金授予提供文章的最终版本用以存档的作者。截至 2012 年 7 月，OnlineOpen 可供使用的订阅期刊超过 1 200。除了 OnlineOpen，威利还发布了 Open Access，这是一个 2011 年初启动的开放存取期刊项目。这个组合包括 11 种期刊，其他期刊计划在今年晚些时候加入。威利 Open Access 提供同行审议杂志上的开放存取出版物，在该网点所有出版的文章都可以立即免费阅读、下载和共享。

② 《学术出版：开放存取的迷思与未来》，http：//news. xinhuanet. com/2012-11/29/c_124019294. htm。

Berlin，进一步增强其在化学领域的实力，并使威利在德国提高了声望。

通过合理的、有目的的并购，威利逐渐从一个高品质的学术、教育出版公司转型成一个基于内容的服务提供商。

四、小结

互联网作为集成多元化业务的服务平台，给数字出版带来了更多的产品、服务类型，不同产品、不同服务的提供商都可以通过数字出版平台联系自己的消费者群体。威利的业务类型多元，通过应用数字技术、并购和产业链延伸等战略，威利在数字出版领域成长迅速，能够提供学术、教育等领域的产品、服务以及解决方案，实现了由“卖产品”向“卖服务”的转变，大大提高了对严酷市场环境的适应能力。

美国《读者文摘》：为何在数字时代轰然倒塌？

20世纪70年代，美国《读者文摘》以19种语言在60多个国家发行，发行量1 700万册，是全球发行量最大的杂志，被时任美国总统里根认为是必备读物，可谓盛极一时。但在数字化不断推进的背景下，《读者文摘》的发行量在20世纪90年代开始不断下滑，2008年发行量下滑至820万册，与此同时，广告业务的下滑更为明显。2009年，业绩不断下滑、债台高筑的《读者文摘》申请破产保护。破产重组后的《读者文摘》在数字化领域谋求突破，无奈这个时代已经不属于《读者文摘》，被动式的转型显得有些盲目，给人“病急乱投医”的感觉。2013年2月，《读者文摘》集团开始了第二波的破产申请保护。那么，是什么原因让全球文摘类期刊的翘楚《读者文摘》在数字时代迷失了方向？

一、《读者文摘》的成功：人、地点与理念

美国明尼苏达州圣保罗的年轻人华莱士（DeWitt Wallace），在把自己的办刊理念向韦伯出版公司推销未果后，无法割舍自己的理想，倔强地决定和妻子利拉（Lila Bell Wallace）一起出版他们称为《读者文摘》的一种袖珍杂志。他们仅以5千美元的资本在纽约格林威治村的一家非法酒店楼下开设了一个办公室。1922

年2月5日，这个后来世界发行量第一的杂志就这样传奇般地诞生了。2009年8月17日，《读者文摘》在度过她的87岁华诞不久，静悄悄地宣布申请破产保护。此后一周时间，除了最初的新闻之外，甚少有媒体跟进报道，人们似乎已经忘记，在过去80年里，《读者文摘》曾是他们生活中多么重要的部分。从潮头到潮尾，从保守的创新到创新的保守，我们该如何丈量这87年的历程？

华莱士不是办杂志的专业人士，但却是办杂志的天才。很多人办杂志，理念靠后天习得，但终是纸上谈兵，原因在于理论上应有的读者和实际读者之间的距离远非理论所能穷尽，而又有几个理论家深入地了解了刊物发行的对象呢？华莱士不仅不是办杂志的专业人士，甚至还不是一个“好学生”，自幼对读书不感兴趣，大学时辍学。1917年，美国对德宣战，华莱士参军，但上帝并没有让他成为一名将军，而是选择了他的另一种才华。在战场上，华莱士被弹片击中，在医院住了近半年，疗伤的日子里，他编辑了专门给士兵阅读的杂志。通过大量的实践，华莱士探索出了一套做文摘的方法，因此后来人称华莱士是世界上第一个做“浓缩文章”的人。

中国人愿意给成功的人找出很多“第一”，其实美国人也一样。对“第一”的寻找和膜拜仿佛是人类的天性。也许是与传奇之伟人华莱士素未谋面，笔者总觉得华莱士“浓缩文章”的天赋还是易于后来者借鉴的，（中国的《读者》不就青出于蓝了吗？）因此，华莱士的成功其实还有其他因素。

在众多的期刊都纷纷挤进繁华都市意图“得风气之先”，华莱士却没有急匆匆地把《读者文摘》的总部搬到繁华的都市。一个参观过《读者文摘》总部的人曾经这样评价，“《读者文摘》的总部位于纽约州小城普莱森特维尔，距离纽约市只有一个小时车程。但是，这里风景秀丽、古朴安宁，与繁华喧闹的纽约市仿佛距离整整一光年。到了这里，你才会明白80多年前《读者文摘》创始人华莱士夫妇将总部搬到这里的良苦用心。只有在这样一个时间仿佛停滞的世外桃源，《读者文摘》的编辑们才有可能静下心来，对全世界的美文雅句进行欣赏、挑选和浓缩。所以，普莱森特维尔（Pleasantville）更应该按照其字面的意思译为欢乐谷，白先勇先生曾称这里为‘安乐乡’”。

从经济角度考虑，远离繁华都市大大降低了期刊的成本。但更为重要的是，战后的美国传统价值观受到了广泛的怀疑，及时行乐的思潮甚嚣尘上，用今天最时髦的话来讲就是处于“社会转型期”“价值重构期”。在价值危机面前，作为个体，华莱士选择了以真善美抵抗外界的驳杂与诱惑；作为社会成员，华莱士选择传统的坚守来作为解救社会的良药；作为创业者，华莱士看到了在解构传统中坚守传统的商业价值，喧哗中宁静的商业价值，“假、恶、丑”中“真、善、美”的商业价值。此刻，华莱士、“安乐乡”、《读者文摘》的办刊理念得以完美融合，也只有如此，世界上第一个做“浓缩文章”的人才会被后来人津津乐道。

作为出版家的华莱士，最值得向外人道的特质是：一个善于理解别人需求的人。美国资深媒体人 John Heidenry 曾这样介绍成功了的华莱士：“他始终神秘难测。他可以为喜爱的餐馆一掷千金以维持它生存，却又经常下班后在公司流连忘返，只为保证能亲手将所有的灯关掉以节约电费；他喜爱动物，然而用铁链将两只狗活活打死的也是他；他极善于识人，却常常买赝品并被巫医所骗；他极端保守，鼓吹世界大同，却又好赌、爱说黄段子和看色情书籍……大部分时间里，华莱士是一个善于理解别人需求的人。”在创业初期，华莱士敏锐地捕捉住了当时美国人的需求，在物质需求之外的精神提升需求，在没有时间阅读的生存处境中的“快读”需求。《读者文摘》杂志董事长托马斯·瑞德说：“《读者文摘》受欢迎，大概因为它是一本梦一样的杂志，鼓励人们更好地生活。”这些简短精悍的缩写摘编文章，大都以温情和人性见长，他们用持久的、人性的东西打败了时尚的、热点的东西，营造了一种乐观、天真、向上的气氛，始终认同并鼓励人们恪守传统的美国价值观。事实证明，无论人类社会怎样发展变化，真善美始终都是人们向往和追求的至高境界，“心灵鸡汤”的温暖与营养是人类不可或缺的。在最时髦的传播学理论和期刊研究中，普遍认为对受众准确定位是杂志成功的必然条件，分众化、小众化是杂志成功的必然路径，《读者文摘》的办刊理念完全颠覆了这种理论：在准确定位的同时应该不忘模糊定位存在的价值，在小众化的趋势中，仍然存在着普遍的一种大众需求：情感、人性。华莱士在对传统的坚守中做到了，很多人认为他是一个保守的人，但准确地说，他是用保守实现了创新——办刊理念的创新。

如果说杂志的定位是寻找金矿，很显然华莱士找到了，但寻找到金矿的人最终不一定能把金矿挖出来。如何把金矿挖出来呢？是管理。管理的核心是什么？是让您的员工从内心认同您的价值观。在编辑管理上，华莱士让编辑必须回答三个问题：

它可以被引述吗？会不会是读者思索和讨论的东西。

它实用吗？是不是大多数人感兴趣的谈论话题。

它有恒久的趣味吗？是否一两年后仍然有意思。

三个问题其实聚焦在一点：必须时时刻刻想着杂志的读者。这是华莱士的成功秘方，他也通过三个问题把自己的这种读者意识传递到编辑身上。这一过程也是习惯上所讲的企业文化认同过程，一旦核心价值得到普遍认同，接下来就是要在制度上让编辑发挥创造性，好的期刊编辑部应该是“和而不同”的。在编辑流程上，华莱士形成了终审编辑负责制与激励机制，具体管理流程如下：

1. 负责阅读的编辑每个月要研读多达500份的杂志，然后将其中的文章分成无用、有用、可能有用三类。必要时还要在文章空白处加上评论。

2. 负责阅读的编辑不仅要选择、标示文章，也要删减文章。

通常是将原来的文章，浓缩成原文四分之一的程度，然后再由部门主编审查一遍，送到终审编辑手里。

3. 每月由终审编辑负责选出 30 篇文章以及所有的补白资料和书摘；在浓缩文章的过程中、每个编辑使用不同颜色的笔，终审编辑对什么人做了什么删改一目了然。

4. 华莱士看到的最后校对样，通常是即将付印的那一份。如果他这时候做了修改，通常是提出另一篇更合乎编辑主题的文章。华莱士鼓励编辑们彼此竞争，并曾经一度将终审编辑增加到 5~6 位。评价终审编辑的标准是他们负责的那几期杂志在报纸摊位上的销售量。变成终审编辑是《读者文摘》编辑们的奋斗目标。①

在走近《读者文摘》成功之道的时候，我们可以发现人、地点和办刊理念的完美融合，我们也会惊叹保守有时候也会爆发出创新的力量。但是，人们更应该谨记的是：成功有时候也是一种沉重的负担。

二、数字时代的迷茫：病急乱投医？

2009 年 4 月，美国《读者文摘》历史上第一个加大新装版在中国市场率先上市，此为美国《读者文摘》87 年历史中，全球 50 个版本、21 种语言、79 个国家和地区中第一个加大新装版。当人们还在谈论《读者文摘》是否对中国《读者》的销售形成影响的时候，同年 8 月 17 日，便传来了其破产的消息。著名的媒介评论人展江在谈到《读者》为何畅销而《读者文摘》破产时谈到：“美国《读者文摘》都快关张了，中国的《读者》还活着。这是因为美国没有文盲了，喜欢文摘的人已经很少了。现在大家都喜欢在互联网上阅读，包括老人，但是中国还

① 陶丹：《美国读者文摘的创新理念》，《中国记者》2004 年第 9 期。

有很多人喜欢纸质刊物，等这一代人过去，他们也要关门了。”此话虽然略显偏激，但也切中要害。其实，作为《读者文摘》的内部人对此也有深刻的认识，2007 年上任的《读者文摘》主编 Mary Berner 曾这样比喻：“《读者文摘》有点像早期的搜索引擎。”

2009 年上任的瓦卡雷诺在 Adobe 制作套件和数字出版制作套件的帮助下，用一个很小的团队以极低的成本完成印刷版、大字版、iPad 版、kindle 版，希望借此通过新阅读平台吸引更多读者。截至 2012 年 12 月，公司电子出版物的销量已经高于纸质出版物。尽管《读者文摘》2012 年时是亚马逊 Kindle Store 中第二畅销的杂志，在苹果的 APP 产品中也备受欢迎，在 Facebook 上吸引了 115 万次“Like”按钮点击量，在 Klout 中也获得了 88 分的高分，但是《读者文摘》的印刷版发行量还是从 800 多万份减少到了 550 万份。更可悲的是，《读者文摘》从市场的主导者逐渐沦为了新媒体的打工者。

《读者文摘》迟缓的、被动的数字化转型，让它陷入“病急乱投医”的陷阱。在价值观和技术急剧变革的时代，曾经的辉煌成了《读者文摘》的重负，它从一个创新者、弄潮者，变成了一个随波逐流的保守者。情感和真善美尽管是人类内心的渴望，但这并不标志着情感的表达方式不会发生变化，《读者文摘》的衰亡史其实也是逐渐远离读者需求的历史。任何从数据统计中得来的读者需求都没有亲身的体会来得真切，那些见证《读者文摘》衰亡的编辑，恐怕也很难用自己的切身体会回答华莱士的“编辑三问”了吧！

没有对读者需求的感同身受，事实上也就不可能存在商业上的文化创新，《读者文摘》的后期因为在理念上不再创新，只能寻求在经营和融资上的突破。

一是从不登广告开始登广告进而到什么广告都登。

1954 年当《读者文摘》决定接受广告时，两周就收到 1 107

页的广告，在第一则广告问世前，《读者文摘》接的订单额度达1 100万美元。

1978年《读者文摘》对酒类广告开禁，仅这一项杂志收益就猛增16%。但按照《读者文摘》中国区负责人史永强的说法，“在《读者文摘》的收入构成中，广告一直没能成为主要盈利源，发行一直是其最大的收入来源。在发行收入中，直接邮购又是重中之重”。一本被认为“比《纽约时报》和《时代周刊》更能影响美国大人物”的杂志，最后被迫对酒类广告开禁，没落的迹象逐渐显现。

二是规模的扩张。

1997年，75岁的《读者文摘》已成为一家年收入超过20亿美元的跨国企业，在全球127个国家拥有杂志、书籍、行销和投资营运的广阔市场。它以19种语言出版48个版本，每期发行2 700多万册，拥有1亿多读者，堪称媒体世界的一大奇观。2007年年初，Mary Berner成为《读者文摘》的首席执行官，其时《读者文摘》已经被纽约私人投资公司Ripplewood Holdings以24亿美元收购，从上市公司变为私人公司，发行量也已跌至全美第6位。被大家寄予深切希望的Mary Berner上任时甚至也说：“我以前没有怎么看过《读者文摘》……它似乎像是老奶奶的杂志。”

尽管也做了版式设计等方面的改革，但Mary Berner和她的前任们似乎一样，都坚持《读者文摘》不能报道政治人物、明星以及有争议的事件，并认为转型后的《读者文摘》也应该依然是一本“能供整个家庭一起阅读”的刊物。Mary Berner说：“我们关注善和幸福。在某种意义上，我们确实在走一条没有人走过的孤独道路，但这也正是我们的独特之处。”事实上，编辑部内部也曾经对《读者文摘》的定位试图做调整，甚至上市公司不打算用《读者文摘》的品牌，但在强大的历史惯性面前，这些零敲碎打的改革意图均无疾而终。

三是融资。

1999年，《读者文摘》集团（RDA）以3 800万美元收购了Books Are Fun公司，这家公司主要从事面向学校、企业零售书籍和礼品等业务。

2002年，《读者文摘》集团以7 600万美元的高价收购了雷曼出版公司，这家公司被称为北美最好的出版公司，在食品、园艺领域出版的图书和杂志居于领先地位，它出版的12种杂志年发行量达到160万册，其中Taste of Home位于全美杂志百强之列，在食品类杂志中位于第一。《读者文摘》集团非常看好这家出版公司给企业带来的前景，为了收购这家公司，不惜动用了创建于1937年的读者文摘基金，这项基金本是用于各种慈善事业的。不仅如此，集团还用其资产作抵押贷款，分期还贷的时间从2003年一季度开始到2008年结束。集团希望通过每股20美元发行9 500万的股票以渡过难关。可当时就有分析家评论这不是股权而是债权。这一预言不幸言中，对雷曼公司的收购使《读者文摘》集团背上了沉重的债务。到2008年，《读者文摘》的财政亏损达3.37亿美元，其债务高达21亿美元，仅利息就高达1.2亿美元。

在收购Books Are Fun时，公司使用的是内部资金，仅仅贷款1 200万美元，而且在2000年的第二个季度就还清了贷款。收购雷曼公司不仅贷款额度巨大，且还款周期长达5年，这实在是一次冒险。集团本希望从收购公司带来的收益上平衡收支，但是，2003年，Books Are Fun公司的总经理另外开了一家公司，并且挖走了很多《读者文摘》集团的高级销售代表，造成了3 300万美元的损失，使公司由本来应该赢利1 560万美元变为亏损450万美元。这事实上是压倒这个“媒介巨象”的最后一根稻草。

三、结语

《读者文摘》的历史，颇像一个中国的民间故事，大有一点时间循环、盛极必衰的味道。当一个杂志的办刊理念不再与时俱进时，谁又能保证这本杂志能活得长久呢？当不去仔细体味读者的需求时，创新又从何而来呢？

华莱士本人可能是一位先知吧，因为《读者文摘》创刊号的第一篇文章标题就是：《如何在精神上保持年轻？》。在数字时代的大潮中，保持精神上的年轻且屹立于潮头实在是太难了。

第二部分　阅读终端与平台构建

亚马逊：为何主导美国电子书定价？

——兼论美国电子书的代理制和批发制之争

观察中国近些年电子书市场，从电子书阅读器市场的高歌猛进，到平台运营商的电子书价格混战，各路豪杰多年发展有起有伏，却始终未能在中国电子书市场开拓出一条成功之路。出版社希望电子书能保证利润；平台运营商为了夺市场，大打价格战；消费者版权意识淡薄，版权保护制度尤其是网络版权保护制度尚不健全，网络上盗版现象严重，免费共享的消费心理普遍存在。以上种种因素，使得中国电子书市场十分混乱，尤其是在电子书定价问题上，利益各方矛盾冲突不断。电子书定价，并不是免费和收费、低价和高价那么简单，定价问题关乎盈利模式，以及电子书市场环境和趋势。探索出合适的定价策略，才能找到合适的盈利模式，才能把握电子书市场乃至数字出版的发展方向。

美国在数字出版领域的探索是走在前面的。在 2013 年，苹果电子书案告一段落，美国电子书定价模式暂以批发制为主，这也意味着亚马逊稳固了其在美国电子书市场的“霸主”地位。亚马逊在电子书市场的开拓是成功的，但并非意味着美国电子书业的发展就是成功的。本文从亚马逊的电子书业务切入，分析美国电子书业到底有哪些成功之处和错误之处，从而为我国的电子书市场发展提供参考。

一、亚马逊引起电子书定价风波

亚马逊于 2007 年 11 月 19 日正式发布 Kindle 阅读器，从此以后，在亚马逊 Kindle 的带领下，美国电子书产业迅速发展。(参看图 2-1）亚马逊的电子书业务不是开始最早的，却是取得最大成功的，对于其成功要素，学者多有讨论，简单概述如下：第一，Kindle 阅读器具备良好的阅读体验并且使用便利；第二，亚马逊提供丰富的电子书资源；第三，低廉的电子书定价——对新书和畅销书采用 9.99 美元的售价，让消费者获益。然而本文希望继续探寻这些成功要素的内在逻辑：为什么亚马逊要开发 Kindle 阅读器？为什么亚马逊能提供如此丰富的电子书资源？为什么要制定 9.99 美元的售价？要弄清这些问题，就必须回到美国当时的图书出版市场环境中去。根据中国新闻出版研究院在中国数字出版信息网上的报道和图示（数据来源于美国出版家协会)，2012 年电子书收入约占美国出版商收入的 23%。

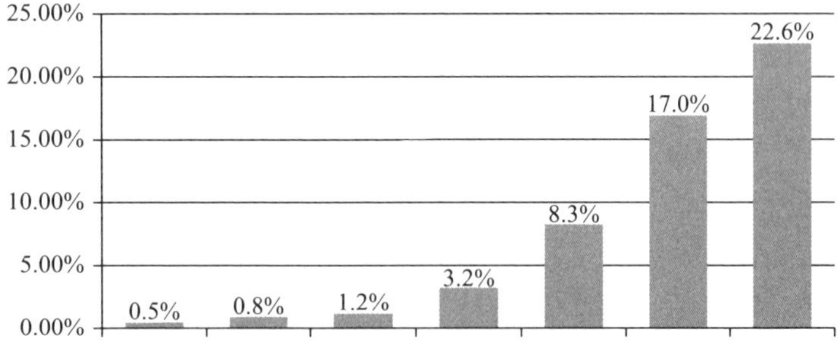

图 2-1 美国出版商电子书收入占净收入的比例

摘自：http：//www. 199it. com/archives/120150. html

1. 早期电子书市场惨淡。

在 20 世纪 90 年代末期至 21 世纪之初，美国市场上的电子阅读终端分为 PC 阅读软件和手持阅读器，前者以微软和 Adobe

为代表，后者有电子书阅读器火箭书（rocket-book）、软书（softbook）和掌上电脑Palm系列等。在此期间，只有Adobe公司在电子书格式方面取得了重要进展，其他阅读设备却未形成重要影响。除了由于硬件技术的限制，无法使阅读器具有代替纸质书的优势这个硬伤之外，整个出版业对于电子书也缺乏足够的信心和期望。2003年，电子书阅读器的先行者火箭书和软书退出市场。美国电子书业进入了一段低谷期。

2. 生逢其时的Kindle阅读器。

虽然美国的电子书市场进入了低谷期，但是在音乐产业方面，苹果依托iPod和iTunes商店，实现了音乐产业的网络数字化转型。这无疑给亚马逊敲响了警钟，亚马逊的CD产品是仅次于图书的销售种类，在与苹果的竞争中显然败下阵来。为了保证自己在图书销售领域的领先地位，拉开与其他竞争者的距离，亚马逊势必要发展电子书业务。

亚马逊于2004年组建126实验室，着手研发适合长时间阅读的专属阅读器。此时电子墨水（e-ink）技术已经发展成熟，该技术既能保证舒适的阅读体验，又能使设备具有长时间的续航能力，这就保证了Kindle阅读器能实现沉浸式阅读。此外，初代Kindle还具有3G上网功能，使得Kindle随时能和亚马逊平台实现网络链接，方便读者购书。Kindle研发过程历时3年，除了杰夫·贝佐斯本人对硬件设备的严格要求外，亚马逊还花费大量时间来准备足够多的电子书。

3. 亚马逊拓展电子书资源。

杰夫·贝佐斯为Kindle商店预设的电子书目是10万册，然而当时出版商的电子书业务仅占利润的很小一部分，他们并没有足够的动力来开发电子书。于是，亚马逊便采取了一些手段拉拢或者迫使出版商进行合作：（1）向出版商展示尚属机密的Kindle阅读器，借此吸引出版商对电子书产业的兴趣；（2）依托自身平台优势，胁迫出版商满足亚马逊的电子书需求。2006年，亚马逊是毫无疑问的网络售书霸主，并且拥有为数众多的忠实用户。根据布拉德·斯通在《一网打尽：贝佐斯和亚马逊》所讲，如果亚马逊下架某家出版社的图书，不对其进行推广，这对出版社来说损失巨大，所以许多出版社不得不制作电子书，从而满足亚马逊的电子书需求。就这样，到 2007 年 Kindle 上市时，亚马逊已经有 9 万本电子书可供读者下载。

4. 9.99 美元的电子书。

在 Kindle 上市后，亚马逊开始大力宣传其畅销书和新书的电子版售价均为 9.99 美元，该售价远低于一本电子书的批发价格，这是所有出版商始料未及的。在笔者看来，9.99 美元定价策略十分具有亚马逊风格：第一，符合亚马逊一贯的“顾客至上”的核心理念。引人注目的低价能吸引足够的眼球，这对于新兴的电子书市场有促进作用。第二，符合亚马逊的“长期发展”战略，即获得电子书定价权。9.99 美元的电子书是赔钱的买卖，但是，低廉的书价能带动 Kindle 的销量，进而能壮大亚马逊自身在电子书产业的影响力，从长远看，亚马逊便能在电子书产业实现霸主地位。与卖电子书、卖阅读器赚钱相比，成为行业的引领者是亚马逊更乐意做的事情。

5. 亚马逊进军出版领域。

至 2009 年，亚马逊 Kindle 的市场份额达 90%。完成了电子书平台和终端的扩张后，亚马逊开始在大众出版领域发力。“2009 年 5 月，亚马逊成立了第一个出版分部 Amazon Encore，其宗旨是在亚马逊网站上挑选那些经过市场检验、受到读者好评的自费出版的图书，冠以亚马逊的品牌，出版纸质版、电子版和有声版，并给予强有力的营销和发行支持。”① 2010 年 5 月，亚马逊推出了电子书自助出版系统——KDP（Kindle Drive Publishing），该系统可以在几分钟内制作完成一本电子书，并能

---

① 练小川：《再谈亚马逊》，《出版参考》2011 年第 31 期。

在两天内上架。更具创造性的是这个系统的定价与利润分成模式：作者可以在 0.99~9.99 美元自由定价，其中定价在 0.99~2.99 美元的书，作者可以享受 35%的版税，定价在 2.99~9.99 美元的书，作者可以享受 70%的版税。虽然平台设定的电子书价格很低，但是给作者的版税远远高于传统出版社的标准。除了在自助出版行业频频出手外，亚马逊还扩张到传统出版领域，收购一批专注大众出版的出版社，形成自己的内容供应端。

综上可以看出，亚马逊在电子书产业方面，宏观布局整个产业链，在内容、格式、平台服务和终端设备各个环节全面出击，Kindle 一经问世便形成了自己的产业链，能为读者提供完整的电子书服务，因此 Kindle 受到美国消费者普遍欢迎。在细节上，亚马逊注重阅读体验和服务，从而培养了大批忠实顾客。亚马逊在进入电子书市场的过程中，凭借其引领行业的野心、全面的布局以及创造性的电子书定价，成功拓展了美国电子书市场，并激发了持续多年的电子书热潮。然而，我们应当看到，在亚马逊的电子书产业扩张过程中，利用粗暴手段胁迫出版商转换电子书，虽然极大促进了电子书市场的发展，但亚马逊与传统出版商的利益冲突也进一步增大，矛盾的焦点就是 9.99 美元的电子书售价。在新兴的电子书市场，围绕着电子书定价与定价权问题，利益各方进行了长达数年的电子书定价模式之争。

二、电子书代理制和批发制之争

亚马逊在电子书定价模式上，采用的是批发制。所谓批发制就是亚马逊以固定折扣（一般是对折）从出版社采购电子书，然后根据自己的销售策略，自主定价销售。美国市场精装版畅销书的均价在 26~30 美元左右，那么同样的电子书批发价就是13~15 美元左右。而在亚马逊 Kindle 商店里，此类书的销售价格是 9.99 美元。9.99 美元定价的好处在于：对读者而言，可以用更少的金钱买到更多的好书，吸引了读者消费，促进了电子书阅读风气；对于平台商亚马逊而言，低价售书吸引读者，既能提高平台的人气，又能带动 Kindle 阅读器的销量；对于出版商而言，纸质书转化成电子书的成本是固定的，电子书销售没有边际成本，销售越多的电子书，获利也就越多；对于作者而言，电子书的版税比纸质版的更高，销量越大，收益越高。看起来，这确实是个皆大欢喜的策略，然而出版商有了担忧：一方面，亚马逊在电子书市场一家独大，虽然现在亚马逊在做赔本买卖，但不排除有一天亚马逊会凭借自身市场地位来压低电子书的批发价格，到时出版商将会丧失电子书定价权，陷入被动的境地；① 另一方面，当读者在心理上接受了 9.99 美元的定价，那么 9.99 美元就会成为电子书的标准定价，这同样会威胁出版商的利益。因此，大出版商便希望采取行动来巩固自身的利益和地位。

2010 年，苹果公司准备进军电子书市场。为了给 iPad 的 ibookstore 筹备足够多的电子书资源，并与亚马逊一较高下，苹果公司开始与五大出版商（企鹅，麦克米伦，哈柏·柯林斯，西蒙-舒斯特，阿歇特）协商电子书销售问题。苹果给出的策略是代理制。代理制是出版商制定统一的电子书价格——12.99 美元至 14.99 美元，在苹果 ibookstore 上销售，苹果收取 30%的佣金。同时，苹果也希望出版商联合要求亚马逊接受代理制，放弃批发制。

在与苹果商定了代理制后，麦克米伦出版社率先发难亚马逊，要求其接受代理制。矛盾激化后，亚马逊便下架了麦克米伦出版社所有的纸质书和电子书。后来在五大出版商联合压力下，亚马逊被迫接受代理制。然而代理制带来的直接结果是电子书价格上涨，使得电子书价格与纸质书相当，消费者对此大为不满，

① 练小川：《美国电子书的定价》，《出版参考》2012 年第 9 期。

美国司法部开始涉入调查。历时两年的调查和审理，苹果因涉嫌价格垄断而败诉，法院判定：苹果公司和出版社要赔偿因涨价给消费者带来的损失；苹果公司两年内不能再与出版社签署代理制协议。为什么苹果会败诉呢？原因在于没有考虑到新技术环境下读者的利益，在没有通货膨胀、物价稳定的情况下，电子书价格骤增，这显然有电子书销售代理制的原因。这一判决的执行，也意味着代理制在美国电子书市场上彻底败北。

1. 代理制的背后目的是什么。

亚马逊的“Kindle 电子书阅读器+Kindle 电子书店+低价格图书”的营销布局，和当年苹果在音乐产业上的做法如出一辙。苹果凭借自身的经济实力和庞大的用户群，完全有能力使用批发制。为什么苹果要另出新招，推行代理制呢？在笔者看来，主要原因有：

第一，为了寻找合作伙伴，抢夺电子书市场。苹果的主要优势并不在电子书，而是设备、音乐、视频和软件服务。涉足电子书市场和亚马逊平台竞争，就必须寻找合作伙伴。当时出版商对亚马逊的低价销售电子书的方式很不满，既然出版商希望拥有定价权，那么苹果就通过定价权，推行代理制把大出版商拉拢到自己阵营。

第二，为了限制亚马逊。当时亚马逊统治电子书市场，市场规则是批发制。由于采用批发制，亚马逊可以充分发挥自身在图书销售方面的优势，利用低价策略销售电子书。如果苹果跟进采用批发制，很难竞争过亚马逊。所以，苹果必须要重新制定市场规则，才有希望在电子书领域打败亚马逊。

对于出版商而言，在苹果的代理制策略中，即使把电子书的价格定价 14.99 美元，出版商也只能分到 10.5 美元，这比批发制下的利润少了很多，出版商之所以愿意这么做，有几个理由：首先，为了夺取电子书的定价权；其次，抬升消费者对电子书的心理接受价格；再者，培养亚马逊的竞争对手，打破亚马逊独大的局面。所以，即使近期代理制不如批发制更有利可图，但从长远看，出版商不会受制于亚马逊的控制。最终，苹果和五大出版商一拍即合，推行了代理制。

2. 代理制能否帮助出版商夺回定价权。

在苹果的代理制中，出版商所获得的定价权并不是完全自主的定价权，而是有限制的定价权。苹果给出的 12.99～14.99 美元的定价范围标准，是电子书定价的区间，我们不清楚这个定价标准考虑了哪些因素，但可以肯定的是：在苹果划定的这个定价范围内，出版商才拥有自主定价的权力。在与苹果的合作中，最终的定价权，还是掌握在苹果手里。另一方面，大出版商们在与亚马逊的较量中，确实取得了一时上风，推出代理制后，畅销书和新版书的电子版定价直逼纸质版。但是，对于电子书的价格激增，读者却怨声载道，同时司法部也开始关注调查。

3. 批发制和代理制之争的影响。

美国司法部的介入是整个事件的主角们绝对始料未及的。电子书价格案的最终判决，也对美国电子书业产生了巨大影响。2013 年 7 月 10 日，美国曼哈顿地方法院法官丹斯·科特对苹果电子书价格案做出裁决，判定苹果公司合谋操纵电子书价格罪名成立。这意味着在未来一两年，批发制将会是美国电子书市场的主导模式。苹果在与亚马逊的竞争中并没有捞到多少好处，既赔款又受政府监督。出版商则成了最大的败家，折腾了两年不但没有改变现状，反而陷入了更为被动的境地。

苹果主导的代理制存在许多弊端，但我们应当客观地看待。代理制作为一种销售模式，依然具有价值。代理制模式有利于平衡电子书产业各方利益，促进出版商、平台运营商、零售商和终端设备生产商等各方之间产业分工，加强合作。苹果的代理制偏重上游利益，亚马逊的批发制偏重下游利益，如果融合二者，扬长避短，对于利益各方都会带来更大的好处，也有利于数字出版良性发展。

三、电子书平均价格趋势

亚马逊主导的低价策略确实使得消费者对电子书的认知价格逐步降低。据杰瑞米·格林菲尔德对美国畅销电子书均价分析，从 2012 年 8 月到 2013 年 3 月美国畅销电子书的平均价格一路下降（见图 2-2），最终稳定在 8 美元左右。然而，亚马逊的低价策略并非持续稳定，在 2014 年末和 2015 年，许多原定价 8 美元或 10 美元的电子书涨价到 13 美元或 14 美元，上涨了 30%～60%。据相关分析，这一波动主要还是由于受到来自出版商的压力，如 Hachette Book Group，Simon&Schuster 和 HarperCollins。亚马逊希望所有电子书定价在 9.99 美元以下并愿意承担低定价带来的亏损；出版商则认为：一方面对于不同种类的书统一定价并不合理，另一方面低定价影响其在其他渠道的销售量。

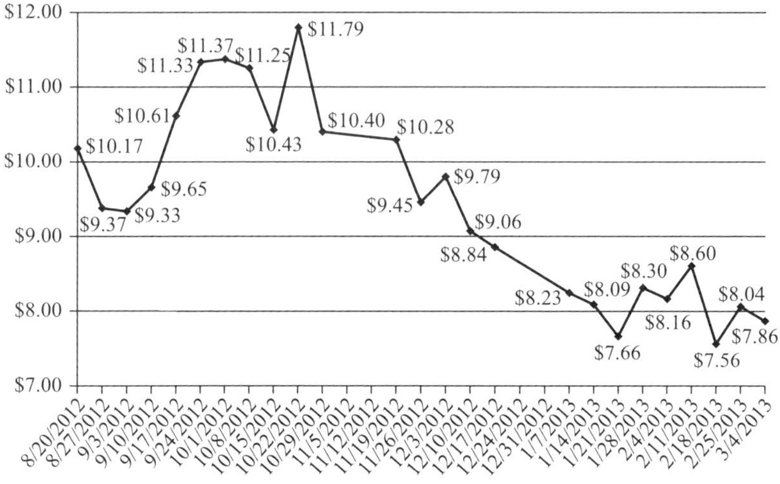

图 2-2　2012 年 8 月至 2013 年 3 月美国畅销电子书均价

数据来源：DBW（http：//www. digitalbookworld. com）

作者：杰瑞米·格林菲尔德（Jeremy Greenfield）

然而数据显示，定价 9.99 美元不仅不意味着亏损，反而很可能意味着利润最大化。据 Luzme（一家可以进行电子书搜索和价格比较的网站）2013 年电子书定价和价格偏好数据显示，如果把电子书按价格分类（0~1 美元，1~2 美元，……>25 美元），在美国，定价 9~10 美元的电子书获得的相对收益最大。据此，出版商提高定价的主张很成问题——这可能还是传统经济思维在作怪，认为电子书的制作成本并不低，因此应该实行较高的电子书定价。然而我们都清楚，电子书产业和纸质书产业有着很大不同。在生产、流通、销售、阅读等方面，电子书产业与网络、技术的发展紧密联系，随着科技的发展，人们的阅读习惯会不断改变，电子书的生产模式和生产成本也会改变，正如亚马逊的 KDP 平台，正是基于网络“长尾经济”新型出版模式，0.99 美元的书价照样可以使作者和平台双双受益，并且还能意外地制造出畅销书。总之，在长尾市场环境下，美国电子书平均价格虽然会因利益博弈而有波动，但不会出现大幅增长。笔者于 2016 年 7 月 6 日登录美国亚马逊网站 Top100 畅销榜就发现，电子书定价以 4.99 美元为多，最高定价为 14.99 美元，13.99 美元和 14.99 美元的电子书加起来只有 10 本。

四、结语

纵观美国电子书发展历程，其中的参与力量除了以五大出版商为代表的出版商和以亚马逊、苹果为代表的销售商之外，作者、读者、政府部门、司法机构都参与其中。美国的电子书定价模式探索，是多方力量共同参与推动下的结果。

作者作为内容的直接生产者，在电子书产业链中，其地位更显突出。以亚马逊的 KDP 平台为例，由于进入门槛低，制作费用低廉，出版过程便利快捷，因此吸引了很多默默无名的作者参与到电子书产业中来。即使是和出版社签约的作家，由于版税或作品出版发行等方面的矛盾，也都乐于尝试自助出版电子书。作者的积极参与大大促进了电子书长尾市场的发展。

美国读者拥有良好的阅读习惯和购买正版电子书的习惯，这为电子书产业的健康发展提供了良好的基础。在电子书定价问题上，读者也发挥着自己的作用。早在 2009 年，亚马逊上就有读者发起“9.99 抵制”（9.99boycott）运动，号召大家不去购买超过 9.99 美元的电子书。[①] 2010 年，五大出版商迫使亚马逊抬升电子书价，读者怨声载道，对出版商大加挞伐。读者对电子书的心理接受价格影响着电子书价格的走向。

美国在商业竞争方面，有着严格的反垄断法。在苹果电子书一案中，司法部指控苹果违反反垄断法，破坏了电子书市场的自由竞争。严格的法律制度和有效的政府监管对于美国电子书定价模式的探索有着深刻的影响。

① 练小川：《电子图书的定价难题（上）》，《出版参考》2009 年第 5 期。

当当网：为何不能成为中国版的亚马逊？

在中国，与亚马逊发展历程有些相似的企业要数当当网。当当网不仅演绎了亚马逊网上书店的传奇，建立了电子书盈利模式，也循着亚马逊的路径拓展了业务范围。本文就以当当网与亚马逊的相似关系为线索，分析当当网的商业走向。

一、当当网的“创意”：何以卖纸质书发家？

21 世纪初，伴随网络商务的快速发展，当当网演绎着亚马逊网上书店的传奇，专注于网上零售纸质书使其成为电商品牌。当当网建设“网上书店”的战略决策，是在互联网促使商务模式和消费观念变迁的历史环境下做出的。自 1996 年上海南京东路新华书店开办网上书店以来，中国的网上书店不断发展，形成了四类市场主体：“一是由传统书店扩展而成的网上书店，如北京图书大厦网上书店等；二是出版社开办的网上书店，如人民出版社的人民时空等；三是非出版业资本建设的网上书店，如当当网、卓越亚马逊网等；四是出版公司开设的网上书店，主要开展对海外读者销售服务。”[①] 一个在互联网时代见怪不怪的结果是：以前与出版业没有直接关系的网站最终获得了成功，这是中国网

---

① 罗紫初、秦洁雯：《当当网和卓越亚马逊网的营销模式研究》，《编辑之友》2010 年第 2 期。

络经济发展中十分常见的一个现象。其中的缘由也许在于：正是因为与传统出版无涉，就可以看到传统出版的弊端，也能够按照互联网的思维构建企业组织形态和产品运营形态。

那么，当当网依靠什么在诸多网上书店中脱颖而出，成为全球最大的中文网上书店呢？原因在于当当网认识到：网络经济将商业力量的制衡权从销售者手中转移到购买者手中，在网上，商业竞争只不过是表现为敲击几下键盘，如果消费者在一家网上书店寻找一本书时遇到麻烦，他们便会去另一家提供更多书籍品种的网上书店。因此，无论是传统书店还是出版社开办的网上书店，最大的劣势在于书目不全。

“从 1993 年开始，北京大学毕业的李国庆与 200 多家出版社建立了信任关系。1997 年到 1999 年间，李国庆就已经搜集了国内各出版社的可供书目，每年中国出的 6 万余套新书，基本上当当都能拿到。”① 当当网在总结亚马逊的经验时，认为亚马逊成功的最大优势就在于它庞大的书籍和音像名录数据库。在网站投入运营后，当当网在三年间建立了累积超过 20 万的名录数据库。完整的书目搜集、文档数据库的建立，让当当网上书店拥有了令同行可望不可及的资本，当当的成功由此奠定了基础。“2001 年 7 月，当当的日访问量就超过 50 万人，成为最繁忙的图书音像店；2002 年，当当用户突破 300 万人，真正成为国内最大的网上图书音像店；2003 年 8 月，英国《经济学家》撰文称当当为‘中国的亚马逊’；同年 11 月，美国《纽约时报》又有专文报道称‘当当网实现电子商务的飞跃’。”②

在当当的成长历程中，还有一段插曲。2003 年“非典”肆虐之时，当当网坚持正常提供服务，网站访问量和销售额激增。“非典”这一偶然事件对于一家网络企业的成长虽然不具有决定

---

① 参见陈小龙：《当当寻找粘合剂》，《数字财富》2002 年第 8 期。

② 陈淑真、俞渝：《要做中国的亚马逊》，《招商周刊》2004 年第 22 期。

性的意义，但客观上促进了消费者对于网购的依赖。网购的行为一旦发生，便不会因“非典”的离去而迅速减少。历经十年的发展，当当网在图书零售业积累了足够的品牌优势，买书上“当当”成为了许多读书人日常生活中的一部分。

二、图书零售为何变为副业?

亚马逊成立之初，仅仅是一家网络书店，经过不断扩张，它成长为全球最大的电子商务网站。参照亚马逊的经验，当当网也主动向多种经营的电子商务扩展。然而，中国其他电商企业并没有给当当网留下迅速扩张的余地，以致当当网开拓母婴用品等自营品类销售频道，与其说是主动做出的战略调整，不如说是在竞争对手的挤压下的被迫选择。

“京东上线图书频道，宣称‘图书部门五年内不盈利’，对当当的腹地——图书在线销售，发起冲击。这一场阻击战，直接导致当当上市后股价震荡走低。随后苏宁易购、天猫纷纷上线图书并加入战团，当当网毛利率直线下降，从 22.3%跌至 10.5%(2011 年第四季财报)，股价也持续下跌，一直到 2014 年股价始终在发行价以下（16 美元)。”① 中国毕竟有着庞大的消费市场，只要网站有足够的知名度，就很可能在网络零售领域迅速成长。在其他电商的“围剿”下，当当网最终选择向更广阔的零售市场挺进。当当 CEO 李国庆表示：“靠着规模成本、采购优势，以及自营加联营两条腿走路的战略，当当网在百货领域的规模增长一定能覆盖得住规模损耗。”②

李国庆的预言并没有在短期内变为现实，由于缺乏品牌优势和有效的营销手段，当当网连续两年亏损。根据 2011 年财报显

① 黄冰、沈伟民:《当当网的“新装”》,《经理人》2014 年第 11 期。

② 吴倩、秀芪、王雅:《布局成竞争关键 当当面临转型抉择》,《经理日报》2010 年 12 月 1 日。

示，当当网当年度整体亏损2.29亿元，2012年亏损更是扩大到前所未有的4.44亿元。[①] 但随着“当当自营”品牌知名度的提高和“尾品汇”等营销模式的推出，当当网的痛苦转型终于在2013年初迎来“曙光”，图书、服装、母婴“三驾马车”都表现出强劲势头。财报显示，自2013年一季度开始，当当网业绩持续“逆袭”，服装品类迅速崛起，婴童品类稳居B2C前三，图书老大地位继续巩固。自2012年四季度实现盈利，当当网总体百货规模已连续5个季度大幅超图书，且占比进一步扩大到占整体营收的63%。[②]

当当网的发展，经历了由专业化到多元化的艰难转型，这表面上看是电商扩张的必由之路，但事实上更多是竞争态势下的被动选择。值得庆幸的是，当当网在主营业务受到打压的情况下做出了转型的调整，为企业的进一步发展奠定了契机。

三、能否在电子书领域复制亚马逊?

当当网曾成功复制了亚马逊网上零售纸质书的传奇，在近几年兴起的电子书市场中，当当网亦强势入局，在国内出版社尚未建立起成熟的数字版权体系的情况下，当当网承担了电子书制作的很大一部分成本。然而，与亚马逊相比，当当网在内容与载体的整合以及电子书定价方面劣势明显，要想复制亚马逊模式并不容易。原因在于：

1. 阅读载体及其内容之困。

“2010年6月，亚马逊开放了Kindle的第三方平台，用35%的实体书版税吸引图书作者和出版商将他们的电子版权交给自己，并且以2.99~9.99美元的价格在平台上提供下载。这使得

① 黄冰、沈伟民《当当网的“新装”》，《经理人》2014年第11期。
② 《当当网发布2013年Q4季度财报》，《京华时报》2014年2月28日。

一个月后它的数字图书销量就超过了实体图书：每卖出 100 本实体图书，就有 180 本电子书被下载。Kindle 在最短时间内占领了电子图书市场近 80%的份额。”① 也许这个快速增长的业务让当当网意识到，如果能够在当当网络平台上提供品种足够多、价格适宜的电子书，凭借售卖纸质书积累的人气，便能够在电子书市场占据足够大的市场份额，从而在数字阅读的浪潮中占得先机。2011 年，当当网开始凭借网上书店积累的资本和经验进军电子书领域。

内容离不开载体，电子书需要有相应的内容呈现设备才能供人阅读。也许考虑到市场上的电子书阅读终端已有很多，用户对当当自主品牌的阅读设备并没有迫切需求，当当也没有像盛大那样高调推出硬件设备，而只是发布了可以在 ios、Android 和 Windows 平台上运行的客户端——当当读书。读者可以在当当网浏览图书并购买，付费后，当当网将数字内容推送到装有当当读书客户端的手持移动终端上，用户下载完成后就可以阅读。然而，由于当当并不以碎片化阅读内容见长，移动客户端的当当读书既无法获得原有的深度阅读用户的青睐，也无法吸引庞大的碎片化内容阅读者。相比于各种网络文学客户端，当当读书的市场黏度非常低。

客户端缺乏影响力的直接后果是电子书的下载量无法达到产品最初的设想。受迫于此，当当网于 2012 年 7 月发布了旗下第一款电子阅读器都看，读者可以直接通过连接 3G 或 WiFi 在书城购买电子书。那么都看能否成为拉动当当电子书下载量上升的利器呢？从中国的市场环境来看，答案是否定的。

当当网表面上可以照搬亚马逊的做法，将积累的内容优势配合硬件出售。可不容忽视的是，亚马逊几乎可以将所有优质纸质

---

① 吴倩、秀芪、王雅：《布局成竞争关键 当当面临转型抉择》，《经理日报》2010 年 12 月 1 日。

书内容转换为电子书，是以 Kindle 的下载量相对有保障；而当当网上的电子书内容的“质”与“量”都远逊于其售卖的纸质书，很多当当网上书店的老用户并没有对都看提供的内容感兴趣。这种差异，实际上是由中美出版市场环境的差异造成的。

美国出版业竞争充分，经过激烈竞争后的美国出版市场内容资源多集中在五大出版商手中，这些让美国出版商具有与分销商进行谈判的实力与资本，实现利益均衡。在分销领域，亚马逊在数字时代把握机遇迅速做大，但也要面对谷歌数字图书馆和巴诺书店的双重夹击，分销领域的“头把交椅”也时时面临挑战。出版商与亚马逊等分销商各有所长，都无法垄断市场的现实，有助于达成利益均衡的合作机制，最终各司其职，共同做大做强出版业。正是由于内容提供商与渠道商能够实现互利共赢，内容提供商将电子书和纸质书看作整个产业链的两种产品形式，不需要担心电子书影响纸质书的销量，因此在电子书的生产与销售上，作者和出版商愿意选择同时出版电子书和纸质书，亚马逊能够获得齐全的电子书品种，读者也愿意付费购买电子书。

反观我国出版业，长期以来未展开充分竞争，图书内容资源分散在 500 多家出版社手中。这 500 多家出版社以中小出版社为主，对电子书市场态度纠结，担心好的内容做成电子书后影响纸质书销量。在这种情况下，电商与各家出版社进行电子版权的谈判，必然是一项耗时耗力的工作。此外，中国电子书格式的混乱状况，也给当当网的电子书销售带来了巨大压力。我国各家出版社生成的电子书格式、质量参差不齐，导致当当网花费在格式转换、提高电子书编校质量上的成本高昂。据悉，当当网 2012 年电子书收入 300 万元，转档成本就要 500 万。

2. 电子书定价之困。

在中国国内，电子书的定价非常低。一本纸质书的定价通常在 30 元左右，而当当网电子书的定价一般不会超过 10 元，一两元的占较大部分，全场免费的狂欢也时有发生。

一般认为，导致中国电子书价格偏低的直接原因有二：一是国内用户对电子书缺乏付费意识，二是出版社不愿提供优质图书的电子版权。如此一来，电子书促销就被电商平台当成吸引流量和用户的手段。也就是说，通过低价乃至免费的手段出售电子书，吸引用户关注网站和购买其他商品，获得广告和其他产品销售收入才能使网络零售商实现利益最大化。因为电子书的主要目的变成了招揽顾客，而不是获取利润，因此免费与低价策略便会被广泛和重复使用。

从纯商业的角度看，低价抛售电子书多是商业竞争过程中的有意行为。纵观当当网电子书的价格，仅为纸质书的四分之一到五分之一不等，很多畅销书甚至以不足原价一折的价格销售，还不时推出“电子书团购”和“电子书限时秒杀”乃至“0 元促销”。动辄低价乃至免费难免引起书业同行的强烈不满。“在 2013 年的‘世界读书日’前后，当当网发起‘第七届网络书香节’活动，宣布将其数字馆中的电子书供读者免费下载 3 天。‘0 元促销’活动一开始，磨铁图书接到了相关信息，第一时间联系当当网，成为第一家提出要求电子书下架的出版方。对此，磨铁图书首席产品官韩志说：‘电商价格战往往是一家挑起，马上就会形成。这时候，我们就会失去对电子书的定价权，所以我们当即决定终止合作’。”① 磨铁图书的表态反映了传统出版业对于掌握电子书定价权的迫切要求。但现实的情况是，以当当网为代表的网络图书分销商打破了以往由传统出版社和出版文化公司掌握图书核心资源的境况。相对于网上书店的海量书目，一家乃至几家出版社的内容已经不再是稀缺资源；而技术成熟、受众认可的电子阅读平台，倒成了数字出版过程中极为重要的因素。在平台建设方面，电商企业依靠自身强大的经济实力和已有的商务平台，在内容集纳、电子书定价和销售中占据了优势，因此成为数

① 李苑：《当当网电子书“0 元促销”伤了谁?》，《光明日报》2013 年 7 月 23 日。

字出版产业链条中最具话语权的环节，传统出版社反而沦为了单纯的内容供应方，成为规则制定的“失语者”。

当前国内出版社与电商基本上采用分成的合作模式，出版社将图书的数字版权卖给电商平台，却完全丧失了“定价权”。电商以较低的价格销售，出版社、作者、电商从中分成。事实上，出版社和作者从低价电子书中获得的收入极其有限，但由于电商占有众多读者资源，出版社必须在定价上妥协，才能通过电商扩大市场，卖掉产品。出版社也没有能力跟踪销售数据，销售数量也是电商说了算，出版商一直对其电子书的销售数量抱有怀疑态度。考虑到中国市场盗版肆虐，出版社是“失语者”，没有话语权，无法以一个平等主体身份捍卫自己的权利，最终的结果便是成为图书数字化的沉默性“抗拒者”。

就当当网来说，“当当网与版权方的合作模式基本都是‘无保底+分成’的方式。双方合同中规定电子书的定价是需要双方协商同意的，最低定价应由版权方决定。”[①] 当当网“0元促销”活动并未与版权方协商，并且已经严重低于成本价格，该行为既是对合作方的无视，也是对作者劳动和作品价值的极大不尊重，不利于文化的发展和进步。这种行为也严重挫伤了正在文化产业转型中的广大文化工作者的积极性、主动性。总之，“目前的电子书定价机制并不完善，图书的数字版权费用往往由电商说了算，而真正拥有这一核心资源的出版社话语权不大，而且这种单方定价机制已经成为数字出版的行业潜规则。没有定价协商机制，电商就会极力压低数字版权费用，导致出版社的利益得不到保证”。[②] 那么，是不是强制电商整体提高电子书价格，就能保证出版社的利益呢？

问题显然没有这么简单。单从绝对数值来看，当当网电子书

① 李苑：《当当网电子书“0元促销”伤了谁?》，《光明日报》2013年7月23日。

② 辛忠：《版权值不值钱到底听谁的》，《中国新闻出版报》2012年6月12日。

确实非常便宜，将电子书价格提高一些似乎能够使出版社获得更多的收入。但问题是，中国读者能否接受提高后的电子书价格。“据中国新闻出版研究院第九次国民阅读调查进行的研究，结果显示大多数中国读者对一本电子书能够接受的平均价格是3.5元，主要原因是中国读者大多对电子书成本有个误区，认为电子书成本几乎为零，所以对价格的期望值较低。”也就是说，相对于读者心理预期来说，当当网的电子书价格还是比较高的。反观美国的情况，英国《书商》杂志联合西蒙-库彻尔咨询公司的一项调查显示，美国读者对电子书的期望价格是实体书的70%，对于美国读者来说，亚马逊的电子书价格并不高。[1] 在美国成熟的出版市场中，读者的选择相对理性，也绝不会出现商家的价格狂欢。中美读者对电子书价格诉求的差异再次说明：所谓读者的期望价格事实上是在阅读和销售环境中逐步形成的，没有凭空而来的期望价格值。任何的期望价格都是可以随着环境的改变而改变的，世界上没有一成不变的心理诉求。如果期望价格有悖于价值规律，是改变还是顺应，是需要中国出版业必须回答的问题。

通过比较中美电子书产业发展的宏观环境，我们可以看到当当网无法复制亚马逊电子书领域“奇迹”的深层原因是：在中国的环境中，无法建立信任、利益平衡的产业模式。电子书的定价应该考虑到出版社、电商、作者、读者之间的利益平衡，让各方都收获技术带来的益处。如果合理的利益平衡的制度安排无法实现，必然是一败多伤，电商与出版商—作者阵营在定价权上的博弈终将毫无结果。

---

① 参见邵萍：《当当与亚马逊（美国）电子书运营比较》，《出版科学》2013年第3期。

汉王电子阅读器：王者缘何没落？

1971 年，古登堡计划创始人迈克尔·哈特（Michael Hartt）还是美国伊利诺伊大学的学生，他获得了学校材料研究实验室中的大型计算机的使用权限，通过和善的操作员，他获得了几乎没有时限的账号。哈特想做一些有价值的事情，使这份馈赠“物有所值”，此后他决定将书籍电子化，供人们自由使用。“哈特当时的想法很简单，就是要借计算机的普及，让人们更方便地阅读到那些纪录了人类历史、文明进程的典籍。电子书从此登上人类发展史的舞台，它改变了信息与知识储存的方式和传播的速度，也改变了人们获取知识的渠道。40 多年后的今天，哈特启动的‘古登堡计划’已成为一座全球著名的电子图书馆，它收藏的典籍电子书超过了 3.3 万卷（册），人们可以轻松地用电脑和电子阅读器等工具从网上下载阅读。”[①] 从哈特 40 多年前把美国《独立宣言》扫描成第一本电子书，到今天数千万电子书和出版物在网上储存、传播，全球已形成了庞大的电子书市场。[②] 严格来讲，电子书是指具有一定格式的数字文件。但在日常生活中，电子书一词既可以指代一定格式的数字文件，如 PDF、MOBI、EPUB 等，又可以指代电子书阅读终端，如 Kindle、iPad 等。人们一般可以根据上下文推断“电子书”一词的具体指代对象。

① 丁刚：《电子书前话短长》，《人民日报》2011 年 4 月 26 日。

② 参见丁刚：《电子书前话短长》，《人民日报》2011 年 4 月 26 日。

本案例所分析的汉王电子阅读器即是一种电子书阅读终端。

目前，市场上的电子书阅读终端种类很多，大致上可分为两类：一类以 Kindle、汉王为代表，采用电子墨水技术①，屏幕显示效果类似纸张，因此有时简称为电子阅读器。这类产品比较适合深度阅读受众群；另一类更适合浏览性阅读和浅阅读，如 iPad 等平板电脑类阅读终端。2008 年，汉王电子阅读器问世。基于手写识别技术及电子纸显示技术的汉王电子阅读器销量一度进入全球三甲行列，稳居国内电子阅读器市场头把交椅。然而自从在国内第一个推出电子阅读器后，汉王却走上了一条由辉煌到没落的道路。

一、时机与营销：如何走上王者之路?

2005 年，汉王科技总裁刘迎建将其在美国 CES（国际消费类电子产品展览会）上看到的电子墨水技术带回了中关村。对于电子书这一颇为前沿的领域，80%以上的员工认为风险太大，公司内部反对引进的声音占了绝大多数。面对反对的声浪，刘迎建认为，“电子墨水屏具有可以代替纸张的特点，具备成为主流产品的特质，未尝不可一试”。刘迎建的大胆尝试结果出人意料，汉王科技因此红极一时。2008 年下半年，汉王推出第一代电子阅读器产品。2009 年，汉王电子阅读器在国内电子书市场一骑绝尘，创下 95%的市场份额，坐稳了电子书市场的头把交椅。2010 年 3 月，汉王科技在深圳证券交易所中小企业板上市。②

汉王在短时间内取得成功，可归功于两方面的原因：

---

① 电子墨水（E-ink）技术是电子纸技术的一种，通过电泳（Electrophoretic）原理实现类似纸张的显示效果。与液晶显示相比，电子墨水没有背光、闪烁和辐射，只有在翻页变化时才耗电，所以功耗是同尺寸的液晶面板的千分之一甚至更低。采用电子墨水技术的电子纸视觉体验十分接近纸质书。

② 参见李星星：《电纸书革命断想》，《印刷技术》2011 年第 3 期。

一是汉王抢占电子书市场的时机。亚马逊推出的 Kindle 虽在 2007 年就已开始发售，但迟迟没有进入中国市场；国内大多数电子产品生产商还没有花费过多精力于电子书市场；苹果的 iPad 在 2010 年底才上市。在潜在竞争对手还没有发力的时候，汉王先声夺人，抢到了电子书市场的先机。在 SST（Social Shaping of Technology）一脉的学者看来，新媒介之所以能取得商业成功，对某种技术特点的选择固然重要，其符号情状（symbolic status）——William Boddy 所谓的“工具性幻想”（instrumental fantasies）——也尤为关键[①]。也就是说，汉王电子阅读器不仅吸引了阅读爱好者，也满足了大批对电子产品感兴趣者的工具性幻想。可以说，在中国，人们正是通过汉王电子阅读器体验到了新的阅读终端和新的阅读方式。

二是汉王的礼品广告模式。可以说，汉王吸引大批消费者，迅速占领电子书市场，广告策略也起到了不容忽视的作用。从 2009 年开始，汉王在推广电子阅读器时采用了广告轰炸模式，[②]一时间，电视、杂志、网络媒体都炸开了花。在年终的礼品市场上，汉王电子阅读器大卖，汉王赚得盆满钵满。

二、盈利模式创新的困局：为什么无法持续盈利？

从 2010 年下半年开始，汉王逐渐褪去了身上的光环，汉王科技公布的 2011 年上半年业绩报告显示：“公司实现营业收入 2.5 亿元，同比去年减少了 61.71%；净利润亏损 1.74 亿元，同比减少 300.64%。”2011 年 3 月，汉王 9 名现任高管集体套现 8710.67 万元。从侧面证明了高管对自己的公司的产品研发走向

---

① Lister, Dovey, Giddings, Grant, & Kelly. New Media: A Critical Introduction (2nd edition) [M], 2009: 254-255.

② 参见田昌宇：《汉王：童话破灭》，《商界（评论）》2011 年第 11 期。

并不看好。[①] 从2011年到2013年，汉王科技主营业务连续三年亏损。[②] 在分析汉王陷入困境的原因时，一些人在考察了中国电子书的市场环境后，认为中国出版业本身不成熟，民众的阅读需求有限，很难养成付费下载电子书的阅读习惯，电子阅读器的销量必然有限。这种观点需要反思的是：这是电子书生产商所共同面临的市场环境，在相同的市场环境中并不是所有的生产商都因经营电子书业务而亏损，市场环境只能被认为是加速汉王衰落的外部因素。有一些研究者将电子阅读器视为媒介演化过程中的过渡形态，认为它迟早要被功能更为齐全的平板电脑类产品所取代，但Kindle提供了一个反例。

也许我们可以抱怨中美市场环境和产业环境的不同，正是在中国市场环境中汉王电子阅读器才完败于更适合浅阅读、碎片化阅读的iPad。2010年下半年，iPad2高调问世，iPad第一代产品随即开始清仓甩货降价，价格大幅降至3 000元以下，汉王电子阅读器也被迫跟随降价，价格却集中在1 500~2 000元，跟降价到不足3 000元的iPad相比并没有价格优势。2011年，汉王一季度财报分析显示，汉王科技亏损的首要原因是电子阅读器产品受到以iPad为代表的平板电脑等的冲击。然而我们更应该注意到，iPad不是仅仅对汉王电子阅读器这一种电子阅读器产品的销售产生了影响，它的冲击范围包括了整个电子书生产领域。“即使是作为电子书产业翘楚的亚马逊，其Kindle三年的销量，甚至不及iPad三个月的销量。”[③] 阅读电子书是iPad的功能之一。iPad的电子书功能支持PDF、EPUB这样的常用电子书格式，能够满足一般读者的阅读需求。从功能上看，具备上网、播放音视频、玩游戏、阅读电子书等多种功能的iPad显然更能吸引普通

① 参见《汉王刘迎建：如何渡过难关》，《中国新通信》2011年第13期。

② 参见叶龙招：《汉王科技：主业连亏三年路在何方》，《北京商报》2013年11月11日。

③ 周文：《电子书之殇》，《互联网周刊》2011年Z1期。

消费者的眼球。

虽然 iPad 对以阅读为核心功能的电子阅读器的发展产生了不小的冲击和影响，但汉王电子阅读器并非没有机会。作为内容呈现器的 iPad 屏幕反光严重，强光源下难以阅读，且长时间阅读会造成视觉疲劳，因此更适合浏览性的阅读；而采用电子墨水技术的电子书视觉感受与纸质书无异，更能满足深度阅读的需要。Kindle 良好的发展势头证明，平板电脑虽然抢走了原属于电子阅读器的一部分市场，但电子阅读器与平板电脑的市场需求并不完全重合。汉王电子阅读器要做的，不是与 iPad 争夺市场，而是关注深度阅读的受众群，坚守住原有的电子阅读器市场领地。然而，汉王的高管却将大锤砸向了苹果。2011 年 5 月 18 日汉王科技推出 TouchPad 平板电脑的发布会当天，汉王的两名高管举起两把大锤砸向了晶莹剔透的水晶苹果。一个企业的成功与失败，其实与挑选什么样的竞争对手紧密相关，因为挑选不同的竞争对手，意味着发展战略的不同。有人认为，汉王把苹果作为竞争对手，说明其发展战略和定位的错误。

汉王将苹果看作最大的竞争对手，实际上表明汉王始终将高科技的终端产品作为主要的盈利模式。这一经营理念确实让汉王一度持续盈利，然而单一的盈利模式存在这样的危险性：缺乏内容的终端产品只是高科技玩具，当电子阅读器逐渐被认可为实用的阅读工具后，人们不再会对昂贵而没有实用价值的幻想性工具感兴趣。也许是由于技术型企业对于技术有着先天的依赖性，也许是认为国内相对便宜的电子书价格并不能给公司带来多大收益，汉王过于依赖卖硬件这一盈利模式，没能形成忠诚的用户群，无法保证盈利的持续性。可以说，盈利模式的单一、无法展开盈利模式创新是造成汉王迅速没落的重要原因。事实上，汉王并不是没有想过创新盈利模式，在首次推出汉王电子阅读器的同一年（2008 年），汉王就已经建立起汉王书城这一内容平台。显然，这一举措表明汉王不想仅仅通过卖电子书阅读终端盈利，它要谋求与出版业的合作，打开广阔的数字出版市场。但是，无法与传统的出版社建立基于信任基础上的共赢机制，阻碍了汉王创新盈利模式计划的实现。中国的中小型出版社居多，主要依靠销售纸质书获得利润，因此在与阅读终端供应商打交道时，难免会担心电子书影响纸质书的销售。如果将内容卖给汉王，传统出版社一定希望在与汉王合作后，售卖电子书与纸质书所获收益的总和大于仅仅售卖纸质书，因此必然要求取得较高的分成。在阻力面前，汉王的动作迟缓，没能拿出兼顾双方利益关切的解决方案。直到 2010 年，也就是汉王电子阅读器上市两年后，汉王才提出与内容供应商采用二八分成，并先后与盛大云中书城、方正阿帕比数字资源平台达成战略合作，但此时同类产品已然大量充斥市场，“2010 年上半年，包括惠普、戴尔、联想、华为、三星在内的近 60 个品牌计划着推出自己的电子书；2010 年 5 月，中国移动宣布联合 5 家终端厂商推出内置 TD-SCDMA 模块的移动电子书；2010 年 8 月，盛大发布定价 999 元的 Bambook，这个比业内电子阅读器低一倍的敏感价格引来业界一片哗然……”① 也正是在这一年，以 iPad 为代表的平板电脑已开始在中国市场上走俏。

汉王没有珍惜其产品在上市时间上的优势，于腹背受敌的情况下才开始重视内容平台的建设，致使后来者轻而易举地迎头赶上。相比于在研发和推广阅读终端上的投入，汉王在创新盈利模式上的付出严重缺乏，以致贻误了战机。随着 Kindle 于 2013 年进入中国市场，汉王电子阅读器已很难扭转乾坤。汉王看好“人脸识别技术”的应用前景，根据市场情况调整电子阅读器为主的数字阅读业务。这意味着汉王在提供内容服务上的彻底失败，被打回了单纯技术型企业的原型。汉王电子阅读器创伤在短时间内恐怕难以愈合。

---

① 周文：《电子书之殇》，《互联网周刊》2011 年 Z1 期。

三、获取内容：如何避免“从终端到内容”的困局？

技术型企业投身网络内容服务业，是成为产业巨头的必然之路，靠技术起家的谷歌在图书搜索领域就做得很好。与谷歌相比，汉王客观上的劣势在于资金不够雄厚。财大气粗的谷歌可以轻而易举地拿出上亿元资金，从世界范围内搜罗内容；汉王虽然通过卖终端赚得了不少资金并成功上市，但仍不过是众多中小企业中的一员。汉王也曾提出“三年靠终端、三年靠平台、三年靠内容”的发展规划，但却只在第一阶段有所投入。除了在广告端上看见汉王阔绰的身影外，在各大招聘平台上，并没有发现汉王对互联网人才的求贤若渴；[①] 而其内容平台汉王书城既没有形成规模优势，又缺乏特色资源。

汉王如果在主观上认识到打造内容平台和网络人才储备的重要性，敢于投入资金购买内容并构建合理的内容技术合作共赢机制，一定不会在短时间内就被击溃。在未建立成熟的内容技术合作共赢机制和获得优势内容的情况下，仅靠终端产品的创新显然不是长久之计，可汉王却错误地认为终端产品能够给企业带来持续盈利。“从 2009 年起，汉王就开始大量预备元件库存，特别是 2010 年，公司的存货金额从 1 亿飙涨到了近 5 亿元。”[②] 对于一个营收不过几亿元的公司，此举有如赌徒的孤注一掷。最后汉王不得不以极低的价格处理部分存货，导致公司巨额亏损。存货积压其实已预示着汉王的终端之路走到尽头，汉王若就此收手，转向自己擅长的其他技术领域，还不至于落得连年巨亏的下场。然而汉王又押错了宝。为了摆脱困境，汉王后知后觉地认识到了如果想在数字出版领域取得成就，途径只有一条，即拥有海量内

---

① 参见田昌宇：《汉王：童话破灭［J］》，《商界（评论）》2011 年第 11 期。

② 徐亦姗、张宇、杨颖桦：《汉王生死劫》，《中国民营科技与经济》2011 年第 6 期。

容。可汉王没有认识到，在后进入者已经迎头赶上的情况下，再将资金投入到内容平台的建设上，取得的效果终将有限。

汉王一错再错，是否意味着技术型企业只能从终端产品中盈利？“从终端到内容”的经营理念是否真的无法实现？从谷歌图书搜索的成功经验上看，技术型企业当然也能够实现内容的大幅增值。不过由于谷歌在进入数字出版领域之前有参与网络经济的经验，自身资金实力亦非一般企业可比，因此具有一定的特殊性。从汉王的经营实践来看，中小型技术型企业在获取内容方面确实有相当大的难度，在没有解决内容问题的情况下，让终端成为企业的主营业务确实不是明智之举。但这并不意味抢先进入电子书市场的汉王必然失败。如果汉王在一开始就敢于将大量资金注入到获取内容和构建合理的内容技术合作共赢机制上，既占领终端市场，又提供内容服务，形成从内容到终端的产业链，如今在电子书领域或许还会有汉王的一席之地。可惜的是，汉王没有抓住机遇。

相比于从“终端到内容”，从“内容到终端”的经营策略也许更为平坦些。亚马逊即采取了这一策略。以图书电子商务为基础，亚马逊的内容渠道更多，且锁定了大量用户群，企业经过十几年的发展壮大，具有相当的实力，亚马逊 Kindle 的成功可谓水到渠成。即使难以达到亚马逊的高度，中国销售生产电子书阅读终端的厂商也并非没有相对成功的案例。盛大即依靠其原创文学内容，创新与出版社的合作模式，成功地建设了云中书城内容平台。强大的内容支持是盛大成功的主要原因，而这正是汉王的主要短板。汉王是先有电子阅读器终端，再去寻找内容资源；与汉王刚好相反，盛大是先有盛大文学等原创性内容，之后才进入终端市场。盛大电子书的后起，源于盛大文学背后积累的强劲的内容。事实表明，内容才是核心竞争力。盛大和亚马逊一样，抓住了问题的关键，先丰富自身的内容资源，锁定用户群，然后才去做电子书阅读终端。当汉王发觉问题的关键所在之时，再做出努力也是徒劳，因为汉王从一开始没有重视与传统出版社之间建立合理的利益分配机制，就已埋下了失败的伏笔。汉王书城和盛大文学是完全不同的两个平台。前者缺乏后者强大的内容储备，只能花巨资购买内容，这一行为无异于饮鸩止渴——用终端的利润空间补贴汉王书城的运营亏损，只会加速其放弃其苦心经营的电子阅读器业务。

还应强调的是，无论是亚马逊还是盛大，都将自己的电子书阅读终端定义为一种销售内容的渠道。以盛大为例，云中书城目前有七大分销渠道，对应着七大客户端：云中书城网站，Android 客户端，iPhone/iPad 客户端，PC 客户端，Windows Phone 客户端，云中书城手机 WAP 站，盛大 Bambook。可见，盛大其实并不关心终端产品的实际收益，云中书城中的内容才是其实现盈利的聚宝盆。汉王电子阅读器没有抓住其受众群的关键性需求，没有在内容的精耕细作上实现突破，因此既无法应对苹果的挑战，又敌不过同类产品的后来者。

四、小结

汉王电子阅读器的市场份额在短短的几年内迅速被竞争者抢占的事实表明，汉王的失败原因一方面可归咎于同类产品涌入、中国出版业的独特性等外部因素，另一方面也许更应归咎于企业内部的决策失误。汉王一直缺乏一个清晰的发展战略，虽在 2009 年抓住了电子书市场发展的机遇，却在创新盈利模式上动作迟缓，失去了吸引消费者和摆脱竞争对手的良机。此后，汉王对市场的判断出现失误，积压了大量的库存，只得采取被动的降价策略，由于电子阅读器缺乏实用价值，降价策略也没能挽救汉王失败的命运。

对于电子书阅读终端产品来说，提供内容服务才是持续盈利的关键。不少从业者喜欢把电子书阅读终端与内容形容为“刀架”和“刀片”的关系。对于电子书阅读终端生产商来说，“刀架”只是一次性售卖，而不断更新的“刀片”才意味着源源不断的利润。打通从“刀片”到“刀架”这一整条产业链，才是长久之道。

第三部分　数字版权与权利均衡

谷歌图书馆：版权问题为何无法阻止谷歌前进的步伐？

"谷歌侵权案"时间轴

2004年	2005年	2008年	2011年	2013年	2016年
谷歌启动数字图书馆计划	美国作家协会和美国出版商协会提起集体诉讼	提出"和解协议"	美国纽约法院否决"和解协议"	美国巡回法庭法官驳回原告诉讼请求，支持谷歌扫描计划	美国最高法院认定谷歌图书馆计划系"合理使用"

谷歌致力于让信息查找更加方便，而谷歌图书馆计划正是其中的重要组成部分。谷歌开发出创新技术，可在不损害图书的情况下低价扫描其内容。谷歌希望通过与图书馆建立合作伙伴关系将图书馆的图书数字化，让用户能够更加方便地查找印刷书籍中的信息。用户可以通过图书馆计划在谷歌上搜索各种不同语言的数百万本图书，其中包括珍本、绝版或者一般情况下不得借出图书馆的书籍，但在谷歌图书馆的创建过程中，"侵权"一直是一个无法绕开的话题。

在长达十年的时间里，谷歌如何实现从被告到合作者的身份转换？其提出的版权"和解协议"对我国的数字出版产业发展的借鉴意义何在？本文力图从谷歌图书馆的目标、版权和解协议的价值以及启示这三个角度展开论述。

一、谷歌图书馆的目标：无损伤、低成本技术整合全球知识？

在谷歌图书馆计划启动之前，数字图书馆的概念早已提出[①]，但没有哪一家企业敢于在全世界范围内扫描图书，并建立包括所有语种在内的数字图书馆。原因之一在于扫描技术的不完善。通常，“纸质文献的扫描使用光学字符识别[②]软件来实现”。“这种方法要求图书的每一页都要平整放置，这有可能会破坏图书的装订、完整，而且效率很低。”[③] 谷歌开发出一种能够实现图书批量化扫描的技术。“批量化扫描技术通过用红外摄像头探测图书每页的三维形态和角度，将探测到的信息传输给光学字符识别软件，实现图书数字化。这样既不会破坏图书装订，也不用一页页地翻开书进行扫描，从而实现了快速的图书批量扫描。”[④] 可见谷歌图书馆计划能够启动的原因之一在于技术的完善。但即使有了批量化扫描技术，要实现所有图书的数字化也是项耗费巨大的工程。最初，谷歌与五大图书馆合作，预计扫描藏书 1 500

---

① 20 世纪 80 年代末，“电子图书馆”和“虚拟图书馆”的概念就在发达国家引起重视，并进行了相关的研究和实践，取得了很大的成功。进入到 20 世纪 90 年代以后，美国的信息高速公路将图书馆、学校、机关、商业机构、医院、家庭乃至个人连接起来，并对所存储的信息资源提供网络检索，实现了真正意义上的资源共享，由此产生了数字图书馆的雏形。

② 光学字符识别（Optical Character Recognition，OCR）是指电子设备（例如扫描仪或阅读器）检查纸上打印的字符，通过检测暗、亮的模式确定其形状，然后用字符识别方法将形状翻译成计算机文字的过程。

③ 周小文：《谷歌数字图书馆的运作模式对我国数字图书馆发展的启示》，《新世纪图书馆》2011 年第 1 期。

④ 周小文：《谷歌数字图书馆的运作模式对我国数字图书馆发展的启示》，《新世纪图书馆》2011 年第 1 期。

多万册。“采用谷歌的无损伤、高速扫描技术，扫描一本书的成本要在10美元左右，扫描1 500万卷图书至少需要10年，费用高达1.5亿美元。”[①] 我们不禁要问，谷歌投入巨资建设数字图书馆究竟是出于什么样的考虑？

谷歌在《Google图书馆计划——全球各地图书的卡片目录增强版》中宣称，图书馆计划的目标很简单：“在切实尊重作者及出版商版权的同时，让读者可以更容易地查找相关图书——特别是那些通过其他任何方式都无法找到的图书（例如已绝版的图书）。”“谷歌的最终目标是与出版商以及图书馆合作，为各种语言的所有图书建立一个全面、可搜索的虚拟卡片目录，通过它用户能够找到新图书，而出版商则能够找到新读者。”从谷歌呈现给我们的目标来看，谷歌图书馆计划承担起了整合全球知识的使命，使边缘性的知识成果实现数字化储存，从而起到了拯救文化遗产的作用；另外，通过将各语种的知识聚集于谷歌数据库，世界各地的人们可以利用网络检索实现信息获取，从而利于知识在世界范围内的传播。在与图书作者和出版商对簿公堂时，谷歌也一直坚持自己提供图书的网络检索是免费的，目的在于造福读者，属于版权法规定的“合理使用”范畴。那么，我们是否能够就此认定，谷歌图书馆计划的基本动因就是为了人类的文化利益？

我们当然不能只听谷歌的一面之词。将谷歌告上法庭的作家和出版商认为，谷歌对在版图书进行复制并提供检索违反版权法，因其目的是获得巨大的广告收益。虽然从谷歌图书馆的最终效果上看，谷歌并没有演砸文化遗产拯救者和知识传播者的角色，但这一角色的成功扮演与其说是源于整合人类知识文化的雄心壮志，毋宁说是由于谷歌清醒地认识到，海量图书内容将在未来给这家信息技术公司带来巨大的商业利润。

---

① 付晨普：《Google数字图书馆发展综述》，《情报探索》2010年第6期。

谷歌以搜索引擎起家，可以说深谙网络经济的商业规则。互联网时代出现了新的市场现象，即长尾现象：文化和经济重心从需求曲线头部的少数大热门（主流产品和市场），转向了需求曲线尾部的大量利基产品（和大热门产品相对应的普通产品）。也就是说，在网络中，所有内容，不论主流还是非主流、热门还是冷门，都有可能被用户关注和消费。只要有足够多的内容，就能够保证盈利。在传统市场中，80/20 法则（百分之八十的价值来自百分之二十的少数因子）成为众多商家衡量产品收益的重要指导方针。这一法则只注意到了差异化产品中的优势产品，而忽略了在差异化产品中，数量巨大的劣势产品也可以攫取丰厚的利润。长尾现象的出现，在很大程度上弥补了 80/20 法则在利润获得过程中所遗漏的那一部分。长尾现象将我们的注意力转向非主流产品，在传统的市场中无立锥之地的产品，往往也能为消费者所注意到并消费。利基产品零星的小销量聚合起来，可以形成一个与热门市场相抗衡的大市场。在网络经济中，只要拥有少部分付费用户，就有可能盈利。这是因为在网络条件下，为大多数人提供数字化服务的成本是相当低的，只要付费用户所付的费用高于维持服务所需的成本，这种模式就能运转下去。

将上述理论具体到谷歌图书馆计划上来看，我们可以发现，谷歌一旦将数以千万计的图书内容搬到互联网上，就会形成巨大的长尾市场，其中蕴藏的商业价值难以估量。作为一家技术企业，谷歌本身并不拥有内容，但相较于拥有内容的图书馆和出版企业，谷歌的优势在于技术以及已有的巨额财富。

在谷歌实施图书馆计划之前，数字图书馆项目早已存在，世界上第一个数字图书馆项目古登堡计划（Project Gutenberg）早在 1971 年就已发起。但是由于技术及资金的限制，这个项目并没有形成规模和造成广泛影响。而技术先进、财大气粗的谷歌恰好能解决技术瓶颈和经费问题。斯坦福大学图书馆馆长认为："多年来，图书馆一直在努力数字化图书。但限于技术和资金的双重原因，速度非常缓慢。Google 数字图书馆计划的实施使数字化产品的输出从小作坊规模进入真正的工业化生产。通过这个项目的合作，提升了斯坦福大学数字图书馆建设进程和服务水平。”① 曾极力反对谷歌数字图书馆项目、倡导建设欧洲数字图书馆的法国国家图书馆②也不得不在高昂的成本面前低头，转而与谷歌合作。2009 年，法国国家图书馆收藏部主任德尼·布鲁克曼在接受采访时表示，“仅将该馆收藏的法兰西第三帝国时期的作品进行数字化处理，就需要大约 5 000 万~8 000 万欧元的资金，而国家图书馆每年在此方面的预算仅有 500 万欧元”。③

既然海量内容背后潜藏巨大的商业利益，而谷歌恰好有实力将潜藏的价值转化为真金白银。对于任何一家商业企业来说，做这样的买卖何乐而不为？

二、版权和解协议：互联网时代的数字权利利益平衡机制？

无论是为了知识传承等公共利益，还是为了海量内容背后巨大的商业利益，自谷歌图书馆计划推出以来，为了解决内容获取问题，谷歌一直与图书馆及作者和出版商这两大阵营谈判。

1. 与图书馆阵营合作共赢。

除了担心谷歌掌握知识传播话语权的原因之外，图书馆界抵制谷歌的原因主要在于，谷歌图书搜索降低了图书馆存在的必要性。首先，谷歌数字图书馆将使图书馆失去其在知识界的地位。谷歌数字图书馆按照计划将数千万图书扫描后，其收藏图书的数

---

① 付晨普：《Google 数字图书馆发展综述》，《情报探索》2010 年第 6 期。

② 以法国为首的欧盟国家认为会削弱本国文化的话语权，使年轻一代受英美语言国家的文化及价值观影响，这是一些图书馆抵制谷歌图书馆计划的一个原因。

③ 李学梅：《法国国家图书馆与 Google 商洽合作事宜》，http://news.xinhuanet.com/world/2009-08/19/content_11908977.htm。

量将远远超过世界上任何一个图书馆，并且包含了多个语种，是世界信息资源的大集合，加之它可以利用搜索引擎更加方便快捷地找到图书馆的馆藏资源，图书馆将因此不再是用户查找文献的首要选择，图书馆储存和查找文献的功能将遭遇巨大挑战。其次，图书馆编目的必要性降低。在传统图书馆中，编目工作是图书馆各项服务工作和业务工作的基础；以谷歌为代表的网络搜索引擎的出现，则使得依赖网络自动搜索互联网资源成为可能，图书馆用户所需要的各个学术领域的资料，都能以搜索引擎为门径，在相关数据库中寻找到。一言以蔽之，人们查阅资料时离谷歌越来越近，离图书馆目录越来越远。最后，“谷歌在推出图书馆计划的同时，还推出了与图书馆参考咨询工作性质相似的 Google Answers 服务，专门利用网上公开的资源解答用户的疑难问题。这给图书馆参考咨询工作提出了很大的挑战，如果图书馆参考咨询服务不能深化服务、提高咨询解答的质量，将会逐渐失去用户。”①

尽管如此，来自图书馆界的抵制声音实际上很有限。这是因为，谷歌图书搜索给图书馆界带来的冲击未尝不是好事：传统图书馆正好可以借此机会实现数字化转型，改变落后的信息组织方式，更何况图书馆的空间环境的价值和印刷型文献的影响是数字图书馆所无法取代的。关于数字图书馆和传统图书馆的对立，纽约公共图书馆馆长兼首席执行官保罗·雷克勒（Paul LeClerc）认为：“这并不是一个非此即彼的问题，图书馆还是要继续增加藏书、进行分类、积累信息，‘电视并没有取代广播，而录像带和 DVD 也不妨碍人们去电影院看电影，毕竟读书远比盯着电脑屏幕要舒服得多。’”② 因此，可以认为实体图书馆的社会功能，

---

① 陈建文：《Google 数字图书馆及其对图书馆的影响》，《图书馆学研究》2010 年第 3 期。

② 《建虚拟图书馆：这些人是怎么想的?》，http://news.xinhuanet.com/newmedia/2005-01/11/content_2444999.htm。

在短期内不会被谷歌这种虚拟的数字图书馆取代，选择与技术商合作未尝不是明智之举。

谷歌图书馆计划从 2004 年启动以来，欧美的图书馆界、出版界和作者纷纷报以质疑。可事实上，来自图书馆界的抵制声音很有限，这其实与谷歌设想的“Google Book”合作机制有关。2004 年 12 月，谷歌宣布与哈佛大学、密歇根大学、纽约公立图书馆、牛津大学和斯坦福大学合作，开始“Google Print”计划。谷歌宣称该计划的使命是：使全世界的信息组织在一起，并使全世界的人们都能访问和使用这些信息。2005 年，谷歌将“Google Print”重命名为谷歌图书搜索（Google Books），以更准确地反映它的用途。

2. 与作者-出版商阵营达成和解协议。

谷歌图书搜索包括两个部分：合作商计划和图书馆计划。在合作商计划中，谷歌收集出版社已出版或即将出版的出版物，同时与作者建立联系，收集他们已出版或不再打算出版的出版物。通过版权人授权，谷歌将扫描图书全文并将其存于检索数据库中，当用户进行检索时显示相关书目及链接信息。用户可通过此链接信息阅览某些特定页面，不仅可以浏览相关出版社网址，还可以直接从书商、出版商处购买图书，并且出版商有权利随时退出该计划。

相比于图书馆界的不温不火甚至“拥抱”取向，作者-出版商阵营对谷歌图书馆计划的态度可谓群情激愤，“先斩后奏”这一违反常规的做法，使得谷歌的图书馆计划面临严重的版权问题，遭到作者-出版商阵营的猛烈阻击。在 2005 年，美国作家协会和美国出版商协会就图书版权保护问题向谷歌提起集体诉讼，认为谷歌在未经许可的情况下将一部完整的著作扫描上网，这一行为已经构成侵权。该诉讼历时两年之久，美国法院一直未给予定案。“2008 年 10 月，在法院尚未就 Google 的行为是否构成‘合理使用’做出判决的情况下，Google 与原告达成了‘第一次和解协议’。但是，由于本案的性质为集团共同诉讼，根据美国民事法律程序的相关规定，该和解协议必须得到法庭的同意才能生效。在此期间，美国联邦司法部与很多版权权利人对此提出了质疑，因而Google与原告方协商后给出了修改后的‘第二次和解协议’。”“2009年11月19日，美国纽约州南部联邦地区法院授予‘第二次和解协议’初步许可，并于2010年2月18日召开听证会。”[①] 根据美国民事诉讼法规定，该协议一旦生效，也会对中国的著作权人产生法律效力。因涉及中国等其他国家版权人的利益，该协议遭到中国文字著作权协会及欧洲出版商联盟等其他国家相关组织的反对。2011年，美国纽约法院以不够合理为由否决了谷歌的这份和解协议。之后，谷歌继续谋求和解，但利益相关方无法达成共识。在质疑和声讨声中，谷歌一直没有停止挑衅性的扫描行为。据2011年数据，谷歌的扫描行动侵犯了数百万件作品的版权，一些观察家估计谷歌的侵权总额超过3.6万亿美元。[②]

出版业在版权问题上的一般态度是：先解决版权问题，再通过销售内容或版权贸易获得收益。谷歌却一反常态，奉行“先斩后奏”的原则，即先动用一切手段尽可能多地取得内容，再解决版权问题。这一违反常规的做法，使得谷歌的图书馆计划面临严重的版权问题，遭到作者-出版商阵营的猛烈阻击。作为技术型企业的谷歌虽然可能在版权问题上缺乏经验，但也不会认识不到，在没有通报著作权所有者本人的情况下使用图书内容必然会为企业引来很多版权侵权问题。谷歌为什么如此心急，置法律于不顾？

大量的图书内容无疑能够给谷歌带来巨大的商业利润，但与

① 汪雪：《数字图书馆之法律问题分析——从 The Authors Guild v. Google 之修正和解协议谈起》，《复旦大学》，2010年。

② 参见任晓宁：《谷歌数字图书馆：下一步怎么走?》，《中国新闻出版报》2011年4月14日。

此同时，与作家的单独谈判却成本高昂，更重要的是无法发挥技术优势，因此获得集体授权是最合理的技术和现实选择。谷歌的选择是，既然无法获得集体授权，先侵权再提出和解方案。在商业社会，企业研发新技术的直接目的是为了获得经济效益。如果经济效益与社会效益不发生冲突，企业便会在宣传中突出社会效益，以塑造良好的企业形象。一旦经济效益与社会效益发生冲突，企业往往选择优先保证经济效益，然后设法为利益受损方提供补偿。在引起风波的版权问题上，谷歌即采取了这样的策略。

2008 年 10 月，谷歌公布其与美国作家协会和美国出版商协会达成的和解协议（协议的主要内容见附录一）。该协议为数字时代解决数字出版版权问题提供了原创并具有建设性的思路。此后该协议虽由于无法完全满足各利益相关方的利益而一改再改，但其框架经受住了时间的考验，沉淀为数字内容版权法律建设过程中的宝贵经验。尽管法院已做出判决，和解协议依然具有现实意义，并不能因为法律对“合理使用”的支持，就放弃以协商的方式达成利益平衡的努力。2013 年 11 月，美国巡回法庭法官 Denny Chin 对原告的诉讼请求予以驳回，并在其 30 页的决议中表示谷歌的侵权行为属于“合理使用”（理由见附录一对 Denny Chin 判决的简要翻译），支持谷歌的扫描计划。至此，本案终于告一段落。2014 年，美国作家协会向纽约第二巡回法院上诉。2015 年 10 月 16 日，法院驳回了美国作家协会和个别作者的侵权诉讼请求，认为谷歌图书计划是在没有侵犯知识产权的情况下提供公共服务。2016 年 4 月 18 日，美国最高法院以简短命令维持了上诉法院的原判：谷歌计划系“合理使用”，从而为这一持续十多年的法界传奇画上了句号。总之，不论是法院判决，还是诉讼过程中的“和解协议”，都为解决数字图书馆侵犯版权问题提供了原创并具有建设性的思路，在解决相关的利益平衡问题时，需要综合起来参考。

三、谷歌的启示：现实呼唤中国的版权“和解协议”

对于谷歌来说，相较于放弃内容、放缓数字图书馆的建设所引起的经济损失，应对版权诉讼所投入的人力、物力、财力则完全在其预想之内。先获得内容，后解决版权的做法给谷歌赢得了创新商业模式的时间。谷歌在几年间已积累了上千万本图书内容，谷歌图书搜索完全可以以此为基础实现盈利。借千万册数字化图书，谷歌图书搜索肯定会吸引更多的用户，而用户数量的增加意味着谷歌品牌的提升和广告的升值，由此将为谷歌带来更多的商机。

在网络出现之前，技术型企业恐怕不会对图书馆中的藏书感兴趣。随着网络经济时代的到来，所有的内容资源都可以通过网络实现内容增值，在这样的时代背景下，谷歌想到了向束之高阁的图书资源动手。作为一家技术型企业，谷歌清醒地认识到自己的劣势所在：缺乏内容。正是因为这一先天劣势，谷歌在实施图书馆计划时才会不顾版权问题，急功近利地搜罗内容资源。试想，如果谷歌图书馆计划启动伊始就与著作权人慢慢谈判，谷歌数字图书馆在很长时间内恐怕只会是个内容匮乏的小仓库。这样的小仓库既不会有人访问，更不会有人订购。那么谷歌所投入的资金在相当长的时间内就无法得到回报，所谓的实现所有图书的数字化的宏伟目标，不过是痴人说梦。而通过“先斩后奏”的方式，谷歌为自己赢得了时间。在短短几年内，谷歌图书馆的内容资源足以吸引网络用户访问，足以引起世界范围内的研究机构的重视。尤其那些根本无法购买、借阅到的“孤儿图书”，它们是谷歌图书馆最吸引人的地方。

当然，谷歌侵犯版权的做法并不值得其他企业效仿，但其和解协议兼顾相关利益方，以图达至利益平衡，却值得那些只知道对侵权行为进行辩解，无法平等对待相关利益主体的互联网企业学习。谷歌如何从成为被告、被原谅到与原告合作的过程，是值得中国互联网企业借鉴的。谷歌的侵权行为实质上透露出了技术型企业对内容资源的极度渴求。技术型企业要想进入内容服务业并迅速获得收益，必须认识到内容的重要性。同样是技术型企业，汉王由于一开始没有重视内容的获取及内容平台的建设，由盛转衰。谷歌在获取内容的过程中尽管阻力重重，却一直没有放慢脚步。谷歌想的是，尽快让生米煮成熟饭，然后赔生米的价钱，卖掉熟饭。

附录一："和解协议"主要内容[①]

（1）设立监督执行机构

本次和解协议首先规定，原告方将设立一个名为"登记处"的非盈利性组织负责监督和执行和解协议。而谷歌则将提供登记处的组建和运营开支，版权权利人将可以在前往登记处登记后领取其补偿金并参与到收入分配过程中去。

（2）设定许可使用费标准

协议所规定的现金支付规则为：谷歌必须为在2009年5月5日前为其扫描的每一本书籍向其版权权利人支付自六十美元至三百美元不等的报酬（同时，对于在2009年5月4日前其进行的对插入内容的扫描支付每份十五美元）。每位版权权利人通过每本作品最终能够分配到多少补偿取决于有多少人最终在登记处登记。而想要获得补偿，版权权利人必须要在2010年1月5日前向登记处登记。谷歌会向登记处提供至少四千五百万美元来满足上述补偿的需要。

（3）收益分享模式

① 参见汪雪：《数字图书馆之法律问题分析——从 The Authors Guild v. Google 之修正和解协议谈起》，《复旦大学》2010年。

谷歌将与在登记处登记过的版权权利人分享收入。第一次和解协议中提出的分享利润方式如下：

第一，谷歌必须将其通过在书籍搜索页面上投放广告、机构订阅、个别消费者购买所获得的全部收入的70%交给登记处，而登记处将会将上述收入的10%用作运营开支，剩余部分分配给作品的各个版权权利人。

第二，每一部作品的作者和出版者之间如何分配其分到的利润也在和解协议中规定下来。对于“仍然处于版权保护期内，并且仍然在出版的作品（in-print work）”，作者和出版者之间的利润分配将根据他们之间所签订的合同来决定”。而对于“仍然处于版权保护期限内，但已经不再出版的作品”，则区分其权利是否已经回转给了作者，并且区分其出版时间。若其权利尚未回转给作者，那么所有1987年起（包括1987年）出版的作品，作者和出版商可以对半分成；所有1987年前出版的作品，则由作者获得65%，出版商获得35%；而若作品的权利已经转回给了作者，则出版商就不能再从中获得任何收入了。

（4）规定服务内容

根据作品是否还受到版权保护，以及是否可以在美国市场上“商业性可获得”，本和解协议将“书籍”分为三类：第一，已经超过了版权保护期限，因而属于公共领域的作品；第二，仍处于版权保护期限内，并且仍然出版的作品；第三，仍处于版权保护期限内，但已经不再出版的作品。对于第一类，由于它们已经超过了版权保护的期限，不属于版权法保护的内容，谷歌将如同其谷歌图书馆计划一开始所计划的那样，提供免费的全文阅读和下载服务。根据谷歌的统计，在已经出版的书籍总量中，大约有20%已经处于公共领域，70%属于仍然处于版权保护期内但已经不再出版，只有大约10%的书籍仍然处于版权保护期限内，并且仍然在出版。

针对后两类书籍，在本次和解协议中，谷歌与版权权利人达成一致，主要提供了三种面向互联网用户和机构（主要是图书馆、各级教育机构等）的服务：

① 预览服务

在“预览服务”中，所有在美国境内的互联网使用者都可以任意享受免费搜索谷歌的电子化图书数据库的服务。

② 消费者个人购买服务

除了提供免费的搜索和预览服务外，谷歌还可以提供消费者个人购买电子版图书的服务。在购买后，读者可以在线阅读到电子版的该书籍的全文，也可以将其下载并保存成为自己的电子书。对于“仍处于版权保护期限内，并且仍然出版的作品”，除非版权权利人明示许可，否则谷歌无权提供消费者个人购买服务。而对于“仍处于版权保护期限内，但已经不再出版的作品”，谷歌则有权默认允许消费者个人购买。

③ 机构的订阅服务

除了消费者个人可以购买电子版图书的阅读服务外，谷歌还允许某个机构在支付订阅费后，其用户从其“机构订阅数据库（Institutional Subscription Database）”中搜索和获得电子书籍的全文。“机构订阅服务”中涵盖的书籍包括了所有的“仍处于版权保护期限内，但已经不再出版的作品”的全文显示阅读功能。

（5）限制授权形式

根据第一次和解协议的2.4条，同意和解协议并不限制“任何权利人通过登记处或其他方式，授权他人，包括Google的直接竞争对手，以任何方式使用他或她或它的书籍或插入内容的权利，包括那些与本和解协议中所规定的完全一致的方式”。

（6）“最惠国待遇”条款

第一次和解协议中包含了一个受到最大争议的条款：3.8（a）条，其名称为“其他协议的效果”，而在通常的论述中，由于其条款内容涉及了允许谷歌可以获得不低于现时或将来给予任何第三方的优惠待遇问题，在通常的论述中常常被称作“最惠国待遇”条款。其具体内容全文摘录如下：“登记处（以及其他实质上相似的由权利所有人组成的实体，或其他由 Google 向登记处提供的，根据本和解协议而设的类似实体）将会将经济或其他任何条款同样适用于 Google，以使得其作为一个整体不至于使得 Google 与该由登记处（或其他任何由权利所有人组织的，使用 Google 提供的数据和资源的类似实体，或其他由 Google 向登记处提供的，根据本和解协议而设的类似实体）授权的其他实质上相似的对第三方的授权相比，处于不利地位；前提是：①该种授权在本协议生效日之后十年内；② 所授予的权利包括了很大部分来自那些没有在登记处登记的权利所有人的权利。对于任何上述授权，登记处将通知 Google 已经给出了授权，并且详尽说明该授权的细节条款，以允许 Google 获得上述授权所追求的利益。”

附录二：对 Denny Chin 判决的简要翻译及评价

【翻译】[①]

法官 Denny Chin 在判决中多次强调，谷歌搜索实际上也给作者和出版商带来了利益上的好处，不过这些反对者更愿意强调谷歌的获利违背了“合理使用”中的第一条原则——非营利性的教育目的。那么，法律如何解释事实和法条之间的矛盾呢？要判定谷歌数字图书馆对版权保护作品之使用是否属于“合理使用”，需要参考美国版权法第 107 节“合理使用”四项原则作具体分析：

使用的目的和性质，包括是否属于商业性质或非盈利性的教育目的；

---

① Denny Chin.（11/14/13）. Case 1：05-cv-08136-DC. Document 1088. Page 1 of 30. United States District Court.

受版权保护作品的性质；

相较于整体内容，所使用部分的内容数量和内容实质；

使用对受版权保护作品的潜在市场或价值的影响。

一、使用的目的和性质

对于第一条，原告认为，谷歌是营利性实体，谷歌图书馆是商业性企业，因此谷歌的商业行为与第一条相抵牾。Denny Chin认为，判定谷歌“使用的目的和性质”的关键不在于谷歌的行为是否具有商业性，而在于使用受版权保护之内容是否具有“转变性”，即是说，新作品是否仅仅改良或移植了原作，还是增加了某些新的东西。Denny Chin写到，谷歌对受版权保护之作品的使用具有高度的转变性。理由是谷歌将图书内容转变为文字索引和数据，不仅可以帮助人们找到想要的图书，而且有助于研究时的数据挖掘；也就是说，谷歌实现了前所未有的使用文字的方式，它增加了原作品的价值，创造了新信息、新美学和新的直觉方式。

转变性的使用方式说明，谷歌并不是直接地利用受版权保护的图书进行盈利。当然，Denny Chin不是想用转变性来回避商业盈利的问题。Denny Chin认为，从谷歌图书搜索吸引了大量用户光顾网站这一点来看，谷歌当然获益良多。然而，尽管谷歌的主要目的在于盈利，也应该看到谷歌图书在教育上的重要作用。

总之，Denny Chin认为谷歌非常符合“合理使用”的第一条原则。

二、受版权保护作品的性质

在本案中，作品是指图书。谷歌所扫描的大部分图书都是非小说类且已公开出版的，这一点有助于“合理使用”的判定，因为小说类和未公开出版的作品受版权保护的程度更高。

三、所使用部分的内容数量和内容实质

尽管谷歌限制了可展示的文本内容量，然而谷歌图书发挥作用的关键在于对作品的完全再生产。不过，美国的判例中也存在全部拷贝依然构成“合理使用”的判例。因此，综合来看，Denny Chin 认为谷歌的行为与“合理使用”的第三条原则稍有不符。

四、使用对潜在市场或价值的影响

原告认为，谷歌扫描的图书会成为图书的替代品，且用户可以通过多次检索或改变搜索词获取整本图书内容，从而对图书市场产生负面影响。

Denny Chin 认为以上都是无稽之谈。

有坚实的证据表明，在网络购物时代，谷歌图书增加了图书销量，对版权所有者有利。因此，谷歌图书非常符合“合理使用”的第四条原则。

【评价】

综合以上四点，Denny Chin 认为谷歌图书对公共利益具有重大意义。尽管原告证明了谷歌构成了表面上的侵权案例，谷歌的行为属于“合理使用”。

笔者认为，判决中有两点特别值得注意：

1. 强调使用文字内容要具有转变性。

转变性这一概念在网络侵权案中虽早已有过应用的判例[①]，不过在本案例中还应强调：新技术实现了前所未有的使用文字的方式，这一点成为了谷歌赢得官司的关键点。在传统技术条件下，书籍内容和载体（纸质书）不可分离；而在新技术条件下，媒介内容和它们的物理载体相分离，谷歌不再像纸质书那样编排内容，而是转变性地使用内容。Denny Chin 对“合理使用”的阐释，顾及了新传播科技影响下的内容使用方式的转变，具有重要的参考价值。

---

① 如 1999 年 Kell v. Arriba Soft Corp 案，该案涉及网络中图片的使用。一审判决见 Kelly v.Arriba Soft Corp.,77 F.Supp.2d 1116（D.Cal.1999）；二审判决见 Kelly v.Arriba Soft Corp.,336 F. 3d 811（9th Cir.2003）.

2. 倾向于将“合理使用”看作积极权利。

像美国等发达国家，由于在世界版权贸易中占据优势地位，长期以来在版权保护的问题上采取比较严苛的态度，不承认“合理使用”可以用于未经许可获得的作品。但是，新技术的商业应用改变了这一态度，当全球性数字图书馆已然投入使用时，如果再单方面强调版权所有者的利益，一方面会限制新科技的创造性应用，另一方面会损害公众享有新科技带来的便利的权益。因此综合来看，将“合理使用”看作是积极权利，是网络时代的大势所趋。

Jerry Jie Hua 指出：“知识产权和版权体系不仅用来保护财产权，更重要的目的是：用来促进公共利益和社会经济发展。”“有关于无形财产（intangible property）的哲学和经济学理论显示，知识产权体系在满足公共利益和保障社会公正方面具有重要功能。然而，在网络环境中对专有权利的过度保护牺牲了公共利益，造成了利益不平衡（imbalance of interests）。因此，政策制定者必须考虑重新修订版权体系，以适应新的环境，重回利益平衡（restore a balance of interest）。”[①] 不难发现，Denny Chin 对“合理使用”的阐释，正是“重回利益平衡”的尝试。不过，我们还必须进一步反思，以公共利益为着眼点阐释“合理使用”是否就一定合理？即“合理使用”的判决所期望达到的利益平衡，是否是以损害出版社与作者的利益为代价保证公共利益？

事实上，“合理使用”的判决并不意味着合理利益关系的最终达成。得出合理利益关系的关键，在于解决版权所有者与数字图书馆之间的利益分配问题。然而，尽管数字图书馆客观上增加了纸质图书的销量，与数字图书馆所获的巨额利润相比，版权所有者的利益相对来说确实受到了一定损害。也许更为合理的看法

---

① Jerry Jie Hua. Toward A More Balanced Approach: Rethinking and Readjusting Copyright Systems in the Digital Network Era [M]. Springer, 2014: 41-42.

是："出版社-作者"毕竟是内容的起点，通过协议的方式对原创内容予以一定程度上的补偿，更有助于达到利益平衡——版权所有者愿意将原创内容数字化，数字图书馆以少部分资金为代价获得拓展长尾市场的机会，读者因此拥有更多选择。

总之，不论是法院判决，还是诉讼过程中的"和解协议"，都为解决数字图书馆侵犯版权问题提供了原创并具有建设性的思路，在解决相关的利益平衡问题时，需要综合起来参考。尽管法院已做出判决，重提当初为解决利益平衡问题所提出的"和解协议"，依然具有现实意义。并不能因为法律对"合理使用"的支持，就放弃以协商的方式达成利益平衡的努力。

百度文库侵权案："朱光保护费"和"百度态度"的背后

自 20 世纪 90 年代以来，随着信息技术的发展，文化经济和新媒体经济已经成为经济领域最具有潜力、活力、影响力和竞争力的领域。欧盟在 20 世纪 90 年代初就把知识产权作为促进文化产业发展的基础性政策，以保护和激励创造力，提升产业竞争力，美国亦然。如何在新的技术环境中建构利益均衡的知识产权体系，事关中国文化产业取得何种文化影响力和经济效益。新媒体的发展已经证实了新媒体不能仅仅是传统媒体的传播和营销工具，同时，新媒体也不能是传统媒体和版权人的"吸血虫"。我们不能一面在埋怨社会缺乏创造力，一面却对创新缺乏有效的保护。

"百度文库侵权门"已经过去了几年，当时的论战与"战术"也许只有当事人记忆犹新，对于绝大多数人来说，新旧媒体上铺天盖地的国内外事件已经赚取了他们足够多的眼球和情感，于是麻木与健忘就成了生活的常态。传播学者拉扎斯菲尔德和莫顿认为，媒介存在一种"麻醉负功能"，即"受众接受过多的信息，便可能陷入一种对信息的漠不关心或被动消极的状态；如果过多地接触那些不寻常、不正常、极特殊的新闻会导致受众毫不了解社会上平常、正常的状况"。在中国的新旧媒体上，技术转型时代光怪陆离的大事小事天天上演，"百度文库侵权门"被受众所忘记，也就不足为奇了。但历史地和审慎地看，中国知识产权的保护不能随着“热门事件”的过去而被遗忘。中国文化产业的发展高度，事实上来自于中国知识产权保护与世界知识产权保护接轨的程度，这是中国文化产业发展的内在需求和新技术发展的必然。基于此，我们对“百度文库侵权门”的追问可继续深入，为建构新媒体时代知识创造和知识分享的法律框架多一份思考。

一、谷歌方案与“朱光保护费”模式：不同版权体系中的集体授权思维

我们可以在市场上热销的平台经济类的书中轻而易举地找到这样描述：利用互联网打造数字传播的平台，不仅会极大地方便信息的传播和获取，而且能带来巨大的增值空间。事实上，作为技术的引领者，技术商和平台商都深谙此道，中外皆然。

互联网公司可以通过其“免费”的经营方式增强竞争力、占有更大的市场份额，并获得巨额的利润，“免费”常常与“高盈利”正相关。因为受众能够“免费消费”，商家也很容易地为自己贴上“为公共利益”的标签。百度和谷歌在互联网的免费经济模式中充分尝到了“免费经济”的好处，赚得盆满钵满已是不争的事实。在拥有众多用户的情况下，如何更加有效地开发自己的用户资源是互联网公司必须面对的问题，用学术语言来讲，就是要实现从“价值链”到“价值网”升级。如何实现从“价值链”到“价值网”的升级呢？仅仅进行技术创新而不结合内容是无法发挥优势的，对内容资源、尤其是优质内容资源的争夺是搜索引擎公司增强其影响力和市场份额的主要方式。人类社会发展的历史经验多次表明，如果内容资源也在技术商的手中，免费的期待往往会落空，这与企业家的个人品性关系甚微，与资本的本质相关。以最低的成本占有最大的市场份额（在新媒体经济中，市场份额常常显得比经济效益更重要），是资本贪婪性

（本性）的直接体现；而打着维护公众利益的旗号，则体现了资本天然的欺骗性。

由搜索引擎起家的谷歌和百度，先后建立起了"数字图书平台"，尽管操作方式并不完全一致，但平台的实质大同而小异（"百度文库"因为由用户上传内容，成本更低廉）：都是把图书数字化之后上传至网络平台，供用户免费下载；都曾经引起版权官司；都提出了解决版权官司的方案。有趣的是，名声似乎更糟的百度，所付出的代价却相对较少。我们应该梳理一下两起版权官司的异同，在比较中思考如何在数字时代构建利益平衡的版权体系。

1. 谷歌方案：如何构建网络文库的集体授权机制。

2008 年 10 月，谷歌出资 1.25 亿美元，与美国作家协会（AG）和美国出版商（AAP）达成和解协议。该协议的要点在于："谷歌为版权持有者提供一系列选择，最主要为'opt-out'，谷歌希望借此避免花费大量资金用于寻找不反对数字化的版权人及承担版权责任；其次，当版权人反对第一种途径提起侵权诉讼时，谷歌希望依靠《版权法》合理使用条款为其行为辩护；最后，由于诉讼结果不可预知，此时合理使用条款可能会限制其服务，谷歌便与出版商、作者缔结了涉及全部群体的和解协议。""合作商计划中，谷歌通过版权人授权，扫描图书全文存于检索数据库中，用户进行文献检索时，谷歌将显示相关书目、文本链接信息作为检索回应，通过链接用户可阅读包含检索词的本页信息及前后几页信息，可直接从书商、出版商处购买图书或浏览出版社网站。另外，若出版商同意在其图书页面中显示广告则可分享广告收入，出版商退出该计划的时间自定。由于该计划完全依照版权人自愿原则，故不涉及版权问题。而在图书馆计划中，谷歌将扫描图书馆馆藏资源存于数据库中，用户可浏览公共领域图书全文。”[①] “2008 年，谷歌同众多作者、出版商，以及代表作者和出版商的美国作家协会和美国出版商协会，向法院提交了长达300 页的和解协议，提出作者的稿酬每本不低于 60 美元，并支付在线阅读收入的 63% 给作者。这个协议在全世界范围内适用。”[②] 2009 年 11 月 18 日中国作协向谷歌发出维权通告，11 月30 日谷歌公司代表在邮件中向中国作协表达歉意。2010 年 1 月12 日谷歌提交正式道歉声明，提出全球一致的和解方案，即每人每本书可以获得“至少 60 美元”作为赔偿，以后还能获得图书在线阅读收入的 63%，但该方案并未在中国得以最终实施。

2. 朱光保护费模式：版权体系不成熟与集体授权“强盗”模式。

2011 年 3 月 15 日，贾平凹、韩寒、慕容雪村等 50 位作家公开发布《中国作家声讨百度书》。2011 年 3 月 24 日，双方进行谈判。出版业、作家群体代表方提出四点诉求：“百度文库应公开道歉、赔偿损失；百度文库必须立即停止侵权；百度文库应立即停止向爱国者百看电子书提供内容；百度文库在今后的经营中应切实保障著作权人的合法权益；建立经谈判双方认可的‘先审核，后发布’的运营模式。”[③] 百度不承认侵权和赔偿，谈判破裂。在谈判中，百度方面提出“朱光保护费”模式解决版权纠纷。“朱光保护费”模式是百度自 2010 年提出，要求用户必须将版权作品名录或全文上传至百度服务器，百度方依托“技术比对系统”保护其版权。[④] 2011 年 3 月 26 日，韩寒在新浪博客上发

---

① 董永飞、马海群：《谷歌数字图书馆计划发展历程与版权问题分析》，《情报资料工作》2010 年第 4 期。

② 李松：《首次庭前交换证据》，《法制日报》2009 年 12 月 30 日。

③ 白炜、李珊珊：《出版业、作家群体代表与百度谈判破裂》，《中国文化报》2011 年 3 月 26 日。

④ 参见白炜、李珊珊：《出版业、作家群体代表与百度谈判破裂》，《中国文化报》2011 年 3 月 26 日。

布文章《给李彦宏先生的一封信》，可以说直击朱光保护费的要害。文中写道："您在美国有那么长时间的生活经历，现在您的妻子和女儿也都在美国，您一定知道如果百度开了一个叫百度美国的搜索引擎，然后把全美国所有的作家的书和所有音乐人的音乐都放在百度美国上面免费共享会是什么样的一个结果。您不会这么做……因为您知道这事儿只有在现在的中国才能成立。而且您也知道谁能欺负，谁不能欺负，您看，您就没有做一个百度影剧院，让大家共享共享最新的电影电视剧。"

比较"百度门"和"谷歌门"我们可以发现，两者的共同之处在于：建立内容丰富的图书数字平台；认为自己的数字平台都有益于公共利益；通过数字平台可以获得巨大的流量并盈利。不同之处主要有四点：

一是两者建构数据库的成本不同。谷歌数字图书馆中的图书是谷歌自己扫描的，需要花费成本；而百度数字图书馆的图书是用户上传的，几乎零成本。

二是两者对"维权者"的态度差异巨大。在面临版权申诉时，谷歌的态度更积极，力图通过与版权方协商获得支持，其"opt-out"就是在数字时代不得已而为之的商业策略；百度的态度则相对消极，坚决否认自己侵权，这是其在特殊的中国版权环境中的商业策略。总体而言，谷歌在利益最大化的同时，时刻在考虑互联网时代的利益平衡问题，并且试图解决授权问题。百度对版权的无视不仅使其名誉受损，而且破坏了产业的发展，但这并不妨碍其在特殊的版权环境中做出的对自己最为有利的商业策略。"百度文库"的出现、生存和发展，说到底是版权体系不健全的写照。

三是两者的和解方案反差大。谷歌"opt-out"模式的逻辑起点是，既然和每个作家达成数字出版协议成本太高，那么就可以一边扫描属于公有领域的作品，一边对有版权的作品提供一揽子解决模式。这样一方面可以节省时间成本和谈判成本，另一方面也为版权所有人提供了退出和进入机制。在美国，谷歌动了一块有可能形成市场霸权的奶酪，因此，众多公司群起而攻之；但也有众多的版权所有者和法人积极参与谷歌图书馆计划，也正是这些参与者让“谷歌数字图书馆”得以不断发展并越来越有影响。也就是说，谷歌提出的解决模式考虑到了正反两方的利益。“百度文库”的“朱光保护费模式”的逻辑起点是：要让我保护你的版权，需要把你的作品先发给我；不然，用户上传了我无法知道，所以无法保护。做出版物平台，在精心设计的“版权方案”里没有尽到合理注意的义务，这不应该是对版权法的正确解读。

最后，也是最重要的是，“谷歌门”一直在法律的范畴内讨论问题和解决问题，反对和和解是在实施法律的机构“法院”来完成的，“百度门”却最终变成了一个舆论事件。如何赢得网友的支持仿佛成了矛盾双方最先关注的问题，法律事件成了娱乐事件、社会事件。原告被告的法律诉讼变成了异常热闹的骂战，但是法律却实实在在地缺席了。也许“百度门”没有在法律范围内给出明确的答案，才是更值得我们关注的。

二、“百度态度”：为什么法律对百度无解

“百度侵权门”（也包括许许多多今天涉及互联网的版权官司）不应该被放置在网友裹挟私心的谩骂和对战双方讨好读者的舆论战中。“百度门”在百度消极的态度和司法的不作为中草草收场，使得中国又失去了一次检视网络版权现状和改善网络版权管理的一次机会。今天来看，当时较为理性的观点对峙中，有几个法律问题还有待明晰。

1. 是否适合避风港原则。

所谓“避风港原则”是指《信息网络传播权管理条例》的第二十二条，其内容如下：

第二十二条　网络服务提供者为服务对象提供信息存储空间，供服务对象通过信息网络向公众提供作品、表演、录音录像制品，并具备下列条件的，不承担赔偿责任：

（一）明确标示该信息存储空间是为服务对象所提供，并公开网络服务提供者的名称、联系人、网络地址；

（二）未改变服务对象所提供的作品、表演、录音录像制品；

（三）不知道也没有合理的理由应当知道服务对象提供的作品、表演、录音录像制品侵权；

（四）未从服务对象提供作品、表演、录音录像制品中直接获得经济利益；

（五）在接到权利人的通知书后，根据本条例规定删除权利人认为侵权的作品、表演、录音录像制品。

作家联盟认为，百度文库明显不能满足（三）、（四）款，没有注意到合理注意义务，也直接获得了经济效益。

在百度文库中有279万本中文文学作品，几乎囊括了具备市场价值的所有中文文学作品，部分作品是每个中国人所耳熟能详的，如《金庸全集》等，部分作品是很流行，并在热卖的，如韩寒的《三重门》、慕容雪村的《成都，今夜请将我遗忘》、南派三叔的《盗墓笔记》等。如果把这么庞大有价值的数据库放在任何一个平台上，都不知道是否侵权，那么构成"避风港原则"的第三款完全就是一副摆设。更有甚者，南派三叔等22位网络作家发出讨伐百度文库盗版公开信后，这22位网络作家的作品并未及时删除，这种情形出现的原因更加值得深思。

在互联网时代，有流量就有价值流动，无论价值是虚拟货币还是实体货币，是市场占有率还是影响力。从现金效益来看，百度文库的流量为百度带来了直接广告收益；爱国者阅读器的合作销售，是直接收益的另一种形式；其"积分制"则是一种虚拟货币；内容和平台的整合，让百度在被诉侵权前扩大了市场占有率和影响力。因此，可以肯定地说，“百度文库”是事关百度发展战略的大问题，其内部有很详细的方案，而不仅仅是公益性项目那么简单。如果百度文库适用于“避风港原则”的话，事实上也判了该管理条例的死刑。

2. 如何看待“平台说”。

在百度看来，自己只提供一个平台，是用户上传了侵权文档，所以侵权者应为上传人，而非平台本身。更有人引经据典，以 1984 年美国最高法院在“索尼案”中所确立的“实质性非侵权用途”为百度平台开脱。这种论调，把“百度平台”简单地等同于“索尼”，忽略了三个最重要的事实。

一是索尼在侵权时索尼产品在侵权人掌控之中，不在索尼公司掌控之中，而“百度文库”自始至终在百度公司的掌控之中。

二是“平台”并不像百度公司所宣称的那样不存在编辑行为，事实上正是因为编辑行为，“百度文库”才在 2011 年有了巨大的影响力。在《百度文库 · 发展简史》一文中，百度公司对编辑行为的表述是：

2011 年 2 月，文库首页进行了改版。改版内容如下：

整体添加了页面导航，方便用户在各个页面间跳转；

首页增加全方面的内容推荐，提供用户更多选择空间；

文档分类的位置进行了优化，让您第一眼就能看到并选择自己感兴趣的类别；

增加了整站阅读排行榜，最新最热的内容提供给大家；

在各分类推荐添加热门搜索关键词，时刻了解自己感兴趣的分类里面，大家都在搜索些什么。

在这几句话中，能找到“网络编辑”课程中所讲授的要点和具体操作方法。难道在百度看来，所谓编辑仅仅指的是修改错别字吗？事实上网络编辑的核心是分类和排序。传统媒体看来，新媒体是传统媒体的寄生虫，修改错别字这种繁重的活，网站总是期待传统媒体来完成。网站强大的后台管理能力，是其实现网络编辑的基础，显然技术的领先性让百度具有这种能力。

三是百度文库上传文件的清晰度十分高，甚至完全可以替代正版电子书和纸质书，而索尼录像机录制电视台播放的电影却与电影院播放的电影有质的差异。互联网平台应该成为每个人分享自己的平台，而不是"慷他人之慨"，成为分享别人的平台。没有人有权力处理别人的作品，任何对此种行为的辩护都显得十分苍白。

3. 李彦宏是否应该承担刑事责任。

这是一个被作家联盟提及的问题，但又被媒体遮蔽和忽略的问题，也许从媒体的角度来看，在中国目前的版权环境中，作家联盟这个诉求也太异想天开了，但这并不能否定其诉求存在法律基础，其法律基础就是《关于办理侵犯知识产权刑事案件适用法律若干问题的意见》第十三条第四款：

传播他人作品的数量合计在五百件（部）以上的；传播他人作品的实际被点击数达到五万次以上的；以会员制方式传播他人作品，注册会员达到一千人以上的……属于刑法规定的"其他严重情节"

百度文库收录的作品以及点击数、注册会员都远远超过了法律规定，符合"特别严重情节"，适用《刑法》第二百一十七条规定："以营利为目的，有下列侵犯著作权情形之一，违法所得数额较大或者有其他严重情节的，处三年以下有期徒刑或者拘役，并处或者单处罚金；违法所得数额巨大或者有其他特别严重情节的，处三年以上七年以下有期徒刑，并处罚金。"

其实，这条法律规定对百度只能算是隔空喊话，"因新书版权被百度文库侵犯，长江文艺出版社副社长黎波向其讨说法，却被告知：你们打官司去吧"。"盛大文学 CEO 侯小强曾称，盛大文学旗下的知名小说中，有 95%以上被盗版到百度文库中，给盛大带来的损失一年超过 10 亿元”。[①] 由此看来，“百度文库侵权门”只是百度面对“讨要说法”时的惯性态度，只不过这次涉及较为广泛而引起更多人的关注罢了。百度的习惯性作法，事实上与中国的版权环境存在着清晰的因果关系。

三、法律事件中的法律缺席：谁让“百度侵权门”成了“行为艺术”

“百度文库”几乎上传了所有有市场价值的中文文学作品，但法律并没有任何的裁决，除了几位积极参与诉讼和谈判的作家之外，别的作家都没有获得任何补偿。也许直到此时我们才能感觉到，相比百度，谷歌显然更有诚心推动版权协议，其初始“60美元，63%的广告和销售收入给作者”的解决方案还是有一定吸引力的。

法律缺席“百度侵权门”带来的一个后果是，事件双方在舆论制造上各显神通，争取主动权。李彦宏声称要关掉百度文库的声音产生了舆论效果，中国文字著作权协会常务副总干事张洪波对此表示：“李彦宏并非真的要关闭百度文库，而仅仅是一种矫揉造作的姿态。”[②] 周筱赟说：“李彦宏这招够狠！这等于是挟持网友，一关闭自然引起大量网友不满，于是把作家推到网友对立面。我在百度文库中搜索过我的文章，但作者署名竟不是我。百度文库把上传者作为作者，还能获得积分，这不是鼓励抄袭剽窃吗？”[③] 张洪波认为，“百度的政府公关能力和媒体公关能力确实很强，反侵权同盟和有关政府部门都感受到来自方方面面所施加的压力。有的新闻甚至在临播出前很短时间就被临时撤下，有

① 秀丽、任玉岭：《“盗书贼”百度的避风港》，《中国民航报》2011 年 4 月 6 日。

② 张洪波：《数字出版乱局：都是百度文库惹的祸？》，《出版参考》2011 年第 12 期。

③ 祁琦：《作家：“百度别光说不练”》，《深圳商报》2011 年 3 月 30 日。

的媒体根本不敢报道百度文库的侵权新闻。有专家说，百度的傲慢来自某些法律的不可操作性，来自法律制度的不完善，'避风港原则'是百度文库规避法律责任的主要依据。"①

作家也只得在无奈之中讨好读者。慕容雪村在对百度的声讨书中写道："我们不责怪那些自发上传的朋友，只谴责百度公司的邪恶平台。"2012 年 7 月份，韩寒本人也在自己的博客中发出声明，称其不赞同"关闭百度文库"诉求，而希望百度文库更加壮大，创造出合理互利模式。

在合理的版权体系的构建中，读者是利益相关方，读者的合理权利应该受到保护（合理使用原则），不合理的行为（侵权行为）应该受到限制和惩罚。而在"百度侵权门"中，读者却成了裁判，仿佛有了法官一样的权威，这明显是版权体系不合理，执法存在问题造成的。

四、结语

一个要蓬勃发展的产业必须处于健康的环境中，合理的版权环境应该达到利益的平衡。平台商和内容商的融合是未来产业的发展方向，这需要企业家和企业的协作精神，只有建立在利益平衡基础上的协作才能喷发出更强劲的产业能量，而在这方面中国显然还没有准备好。

---

① 张洪波：《数字出版乱局：都是百度文库惹的祸?》，《出版参考》2011 年第 12 期。

超星："超星模式"的成功逻辑及过渡性

数字图书馆与传统图书馆的最根本的区别在于信息组织方式的不同。美国学者、数字图书馆专家阿姆斯（William Arms）认为，"数字图书馆可以非正式地定义为有组织的信息馆藏及相关服务，信息以数字化形式保存，并通过网络进行访问。"这一定义的"核心在于说明信息是有组织的"。[①] 在传统图书馆中，我们需要以图书为单位获取信息。也就是说，信息固定于图书这种特定的形式，当我们要获取某种知识时，首先要找到关于这种知识的书籍，然后从中学习和记忆该知识。在数字图书馆中，知识是流动的、自由组合的。只要输入关键词，计算机就会将与关键词有关的知识"组装"在一起，同一"知识板块"（Knowledge Block）会因为所输入关键词的不同而出现在不同的位置。因此，能大大提高获取知识的效率的数字图书馆，成为网络时代必不可少的知识聚集平台。为顺应网络时代知识组织方式和传播方式的

---

① 阿姆斯：《数字图书馆概论》，施伯乐、张亮、汪卫译，电子工业出版社2001年版第1页。

变革，超星公司[①]开始致力于数字图书馆建设。2000年，超星数字图书馆成为世界最大的中文数字图书馆；同年5月超星数字图书馆被列为国家863计划中国数字图书馆示范工程。但随着技术的扩散、国内版权意识的提高，富有影响力的"超星模式"明显地出现发展后劲不足的征兆。

数字图书馆的成功来源于两个核心问题的解决，一是使用什么样的技术。技术必须可以提供低成本的格式转化，如果有利于长期开发则更为理想。二是如何获得海量的图书版权。建构合理的版权获得机制，是数字图书馆在发展过程中的恒久话题。有些版权机制具有长期效应，有些则只能解决目前的问题。"超星模式"的合理性和不足都可以在这两方面得以显现。本文力图探讨超星之所以成为最大中文数字图书馆的原因，以及在原有的"超星模式"遇到挑战时，其发展路径的选择。

一、"超星模式"的技术选择：成本考量与技术的"过渡性"

数字化处理海量的存量图书一直是建设数字图书馆的难点。"新出版的图书大都有现成的电子文档，经过简单加工后就能制成便于阅读和检索的电子化图书"[②]；而大量的"铅与火"时代的藏书则需要低成本技术实现数字化。由于存量图书数字化需要大量人力、财力，对技术的要求很高，仅仅依靠原图书馆界分散

① 超星公司最早由史超先生创建于1993年。当时公司名称为北京市超星电子技术公司，1999年改制成为纯民营性质的北京世纪超星信息技术发展有限责任公司，后来发展为超星集团。超星集团拥有母公司北京世纪超星信息技术发展有限责任公司，下属子公司有北京尔雅卓越教育科技有限公司、朗润书店、读秀学术搜索等，业务范围主要集中在数字图书馆行业，覆盖电子图书、学术视频、移动终端等范围。超星集团一般称呼自身为"超星公司"。

② 庞瑞江：《超星扛出PDG》，《IT经理世界》2001年第22期。

性的力量显然无法满足数字化的需要，专业的数字图书馆解决方案应时代而生。

超星公司于20世纪90年代中期进入数字图书馆行业。由于技术条件限制，纸质图书的数字化在90年代形成两种解决方案，一种是文本格式解决方案，一种是图像格式解决方案，这两种解决方案优缺点并存。

文本格式的优点在于：生成的文件很小。在90年代已有的技术条件下，生成图书的字符格式主要是通过OCR（Optical Character Recognition，光学字符识别技术）录入方式，效率很高，每人每天可以录入10万字。但文本格式也存在致命的缺点。“文本格式的缺点在于不能保持图书原有的版样和完整性，在处理浩如烟海的档案文献资料、图文混排图书，以及表格、乐谱、小语种字符等特殊图书时，文本格式就显得无能为力了。”①

图像格式的优点在于：成本低廉；可以保存源文件的显示信息。“图像格式生成数字图书，可以几近完美地还原图书的本来面貌。无论是文字中夹杂的插图、表格，还是通本图片的画册、临摹本，直接扫描就可以录入计算机，无需校对和复查。”② 图像格式的缺点在于：文件偏大，无法实现内容的个性化定制，无法支持强大的搜索功能。

众所周知，超星选择了一种低成本的过渡性技术，这种选择在一定意义上讲，是由公司的实力和技术条件决定的。对于一个初创期资本并不十分雄厚的公司来讲，超星确实没有实力像谷歌那样，发明一项可称为“最终解决方案”的技术：可以低成本完成纸质图书数字化，且数字化后的文件格式支持因新技术而产生的各种新功能，比如搜索、全媒体呈现、个性化定制等等。“超星模式”技术选择的过渡性决定了其必须在发展过程中不断

① 庞瑞江：《超星扛出PDG》，《IT经理世界》2001年第22期。

② 庞瑞江：《超星扛出PDG》，《IT经理世界》2001年第22期。

完善其技术，以跟上技术发展步伐以及伴随技术发展而来的受众需求变化。我们常常关注传统出版的数字化转型，却较少关注技术公司的技术完善过程，其实这种过程也一样惊心动魄，值得研究。

1. 针对图像格式偏大的问题，"超星公司开发出的基于国际通用技术——小波变换（Vibrant）的核心压缩算法，使扫描图像文件实现了历史性的'减肥'。应用该压缩算法生成的PDG数字图书格式，比网络上通用的JPEG图像压缩格式更加优化。一张A4幅面原稿以300 dPi分辨率生成的PDG图像文件（3 500 * 2 500像素）只有20 KB左右，而同样尺寸和质量的JPG图像大约要1 MB。"①

2. 针对无法实现全文检索和直接引用的问题，"超星公司和清华大学图书馆合作开发的图像综合全文检索技术，使PDG图像也能够像文本一样，随心所欲地全文检索。该技术的构思非常巧妙：当原稿通过扫描仪输入到终端，并存储为图像格式后，负责集中运算的服务器，会自动对该图像进行OCR识别并完成相关运算，实时生成一个由图像、OCR识别后的文本和文本在原稿中所处的位置三层信息组成的页文件。当读者以某个关键词对整本电子图书进行全文检索时，搜索引擎会首先到每一页文件的第二层，以文本检索的方式查找关键词，并在第三层中获取关键词所处的坐标位置，最后在图像文件上将该区域标识出来，读者就可以得到检索结果。此外，超星开发出内嵌式OCR文本摘录技术，使读者在安装OCR插件后，就可以对摘录区域实现文本识别，将图像信息转换为文本字符，为读者摘录句段、批注、笔记提供了方便。"② 数字图书馆不仅仅是储存数量极其庞大的单页电子文档的存储器，而且是能够自动进行信息组织的智能化工

① 庞瑞江：《超星扛出PDG》，《IT经理世界》2001年第22期。

② 庞瑞江：《超星扛出PDG》，《IT经理世界》2001年第22期。

具。只有解决了全文检索和直接引用的难题，数字图书馆才真正意义上实现了信息组织方式的改变。

在过渡性技术选择迅速占领市场，并逐步完善的过程中，也有很多读者因为不满超星所提供的服务（比如说文字识别过程中错误率较高）而最终没有成为超星的忠实客户。在其他企业进入之后，超星的原有光环也逐渐显得暗淡。总体来讲，超星公司的技术选择，使其能够以较高的效率、较低的成本完成纸质图书的数字化。对企业来说，有时候是没有技术实力采取终极性的技术方案；有时候是因为经济实力无法采取更好的解决方案。“超星模式”的技术选择，显然是两种因素影响下的一种现实的权宜性选择，这也使得其必须面临技术转型的难题。

扫描技术是建设数字图书馆的关键技术，谷歌是在研发出先进的扫描技术后启动数字图书馆计划。同样，运用独有的创新技术，超星得以建立起以存量文献为核心的超星数字图书馆，进而建立起有着更强的信息组织能力的读秀学术搜索。然而由于超星的扫描技术需要先出版纸质版，再将纸质版扫描才能生成图像格式文献，所以其电子书产品不仅没有实现优先数字出版，甚至落后于纸质书的出版时间。也就是说，超星无法及时提供最新的内容，很长一段时间难以在 B2C 市场上满足一般读者对于新产品的需求。

二、“超星模式”的版权方案：中国语境中的过渡性方案

超星数字图书馆以纸质图书为主要的内容资源。除了处理存量图书的技术性难题，内容资源的获取也让超星颇费心思。在具备了将纸质书数字化的 PDG 技术后，要保证内容资源源源不断，就需要超星与各地图书馆、出版社展开广泛合作。为了保证数字图书馆的资源能够得到不断的更新，超星与多家图书馆、出版社

进行合作，如外语教学与研究出版社、浙江省图书馆、山东人民出版社、上海辞书出版社等等。超星通过为传统的图书馆、档案馆等单位提供数字化解决方案，帮助合作者实现纸质文献数字化，同时让超星数字图书馆获取到了内容资源。这样的双赢互利模式为超星数字图书馆持续提供资源，同时也为超星与机构用户的业务合作带来了更多可能。

与资源获取相伴随的是版权问题。超星产业链上的主要利益相关者是：上游的作者、出版社，下游的目标消费者。超星一方面要避免公司沾染上版权官司，另一方面需限制消费者侵犯信息网络传播权等侵权行为。为了让公司远离版权官司，超星与中国版权保护中心合作，积极探索有效可行的版权解决方案。超星数字图书馆核心资源类型倾向于学术类，核心作者群是高校的研究者，鉴于单本学术著作的市场价值未必高（相比文学作品），获取版权相对容易。据超星网站介绍，"至今已有 35 万位作者直接与超星签订授权协议，这 35 万位作者中，有两院院士 589 位，包括资深院士 108 位；有各大专院校的校长、校领导 139 位，教授、博士生导师、硕士生导师数万位。"

在中国特殊的版权语境中，超星以自己的"超前意识"，以集体授权的方式快速地形成了内容聚集平台。在中国不尽合理的版权环境中，在作者版权保护意识较淡薄、维权成本较高的语境中，超星的版权解决方案是低成本的，也具有较强的现实性和实现基础，以致后来业界称其在这方面的处理方式为"超星模式"。"超星模式"的版权解决方案有三种方式：

方案一：向作者赠送 10 年期读书卡。作者如同意将作品授权给数字图书馆，超星向作者赠送价值 1 000 元的 10 年期读书卡，以此作为交换条件取得授权。

方案二：根据下载量付费。根据图书下载量决定收益，每年 12 月 1 日分配收益。

方案三：作者单独定价。读者必须同意按照作者定价付款后才能阅读。

其总体思路可概括为：想尽一切可能首先获得集体授权，当无法获得版权集体授权时，再考虑与每一个作者签约。尽可能让作者的版权“置换”为作者对超星数字图书馆的使用权，并初步探讨了和作者的利益分配机制和定价机制。该模式虽然在作者维权意识加强、个体谈判成本高昂的现状下逐渐难以为继，但总体上看，超星公司规范合法的授权文本和尊重版权的工作态度还是赢得了许多读者的信任。鉴于网络传播权是一种新权力，集体授权单位未必从版权所有人处获得了这种权利，未经个体授权的集体授权行为是否“违法”，也必须经受考验。

超星发展的历程恰恰证明：在呈几何级数爆炸式增长的著作面前，一对一的授权方式将产生极大的人力和财力成本。即使有大量投入，授权效率也难以跟上新作品出版的节奏并满足市场对新作品的需求。我国在解决数字图书馆版权问题时，不妨参考谷歌数字图书馆提出的和解协议，探索符合各方利益的一揽子解决方案。也许是艰难的版权谈判让超星意识到，靠签约取得的权利，终归还是要“受制于人”。超星后来花费巨资打造拥有完全自主知识产权的超星学术视频，表明公司在经历艰巨的签约工程后，认识到了自主知识产权的重要性，试图构建从内容到平台再到终端的一整条产业链。此外，在限制网络侵权行为方面，超星采取了加水印、限制打印、只允许在本地电脑上阅读等技术措施。从笔者的实际体验来看，超星的这些技术措施实际上并不能有效地防止电子图书的随意传播，名义上只允许下载到本地电脑的 PDG 格式图书，仍然可以通过网络传播开来。不过由于超星主要面向 B2B 市场，且内容资源以学术资源为主，侵权行为给超星造成的损失应当是有限的。技术保护措施对版权保护的不力，使作者们感到失望，进而降低了作者们对超星的信任度。

三、后"超星模式"：如何保持在B2B市场上的领先？

组织型消费者，即机构、单位一直是超星的主要客户。超星数字图书馆创立之时，正是国内信息化建设步入高速发展的时期。当时的国家领导人多次指出，在推进国民经济和社会信息化的进程中，必须重视提高全民族的信息化知识及使用能力。与此同时，国内教育部门对高等院校的信息化建设提出了高标准的要求，扩大高校图书馆的馆藏图书量就是其中之一。由于电子图书数量也属于高校图书馆的馆藏图书量的指标之一，因此，相对于实体书而言，购买低价格、大规模的电子图书成为大部分高校图书馆的首选。很多高校、科研院所相继购买了超星图书馆的数字资源，超星数字图书馆就这样迅速扩大了自己的影响力。超星数字图书馆拥有较丰富的电子书资源，然而其提供内容服务的能力却无法跟上信息技术发展的步伐。整合不同载体、不同文献类型、不同机构的网络资源，给读者提供方便、统一的学术检索查阅平台，成为了用户最为迫切的需求。

2005年，超星公司推出了读秀学术搜索，相比于传统图书馆OPAC[①]和超星数字图书馆，这一新产品在信息组织方面的优势更为突出。传统图书馆OPAC和超星数字图书馆对检索结果的显示一般只有书名、作者、出版社、出版日期、内容提要等基本的书目信息，无法深入图书的具体内容，因此读者仅凭这些信息往往不能准确判断该书是否真正满足需求。读秀中文检索打碎收录的所有图书原有的结构和格式框定，形成单位较小的"知识板块"，以章节为基础重新整合成一部数字百科全书，读者输入任意检索词检索，可以得到与之相关的各种知识点，并且可以直接

① OPAC，全称Online Public Access Catalogue，在图书馆学上被称作"联机公共目录查询系统"。

点击知识点所在章节进行阅读。除了提供图书的书目信息、馆藏信息外，读秀还提供了前言页、版权页、章节目录页以及正文前17页的试读以及限定页数的文献传递。以章节为基础的信息组织方式使一般读者也能遨游于信息海洋的深处，获取丰饶的知识资源。

读秀学术搜索是由海量全文数据及元数据[①]组成的超大型数据库，能够为用户提供深入到图书内容的全文检索。只要键入要查找的知识点，就会呈现有关该知识点的图书内容。相比于超星数字图书馆停留在整本书、整篇文章的检索结果，读秀的检索结果对知识点的呈现更直接。读秀的信息整合很有特色，有效整合了市场上绝大部分的学术资源；同时提供多家图书馆、多种渠道、多种类型信息资源的组织与整合，使用户能方便快捷地一站式获取所需信息。读秀所涵盖的学术信息资源包括图书、期刊、报纸、学位论文、会议论文、标准、专利、视频等各种出版类型。图书馆用户可以把本馆的中外文纸质图书、电子图书、期刊等多种异质、异构的资源整合于读秀这一平台，因而“实现了对不同类型、不同语种信息资源的全面组织和整合，满足了当今用户希望一步到位地、无缝地获取信息的要求”[②]。资源的整合使读秀超越其他传统的数据库资源，很好地满足了读者一站式检索的需要，成为图书馆各类型资源的统一检索平台。

读秀数据库在整合异质、异构资源的同时，实现了馆际间相

---

① 所谓元数据（metadata），就是描述数据的数据或“关于数据的数据”。它是促进数据处理和标引数据的数据；也是人们组织和发现互联网信息资源的数据。网络信息资源呈无限增长的趋势。与此伴随而来的问题是：如何在浩瀚的信息海洋中找到自己真正所需的信息？于是资源发现成为互联网应用的瓶颈与焦点。元数据专门用来描述数据的特征和属性，也是描述、组织和发现互联网信息资源的工具。人们希望通过对资源描述的工具——元数据这一课题的探讨及实施来促进信息资源描述、组织、发现及利用效率的提高。见：周宁：《信息组织（第2版）》，武汉大学出版社2004年版，第221—221页。

② 李幸：《读秀学术搜索的信息组织探析》，《图书馆杂志》2012年第4期。

关学术数字资源和纸质图书目录的整合。众多高校图书馆引入了读秀数据库及其搜索平台整合自身的馆藏资源，在读秀数据库的基础上建立了联合目录和统一检索平台。通过读秀，高校师生可以知道哪些图书在本校图书馆有实体书，哪些图书可以通过馆际互借进行借阅，还可以向图书馆推荐购买图书的电子版或纸质版。由于有些图书并未实现数字化，且部分读者有阅读纸质图书的需求，读秀学术搜索将其大规模的数字图书全文和题录与各使用馆的馆藏纸质图书目录整合，提供网上书店链接、本省市馆藏借阅等实体书获取方式，提升了图书馆的服务能力。总之，在信息获取方面，读秀可以提供一站式的集成服务模式，主要包括：文献阅读、文献传递、个人图书馆、专题图书馆、图书荐购、文献互助等等。这些服务满足了读者高效、快速、全面检索信息的需求，原本必须通过不同途径获取的异质、异构资源，现在只需通过读秀一个平台就可以获得，读者的信息获取能力大大提高。

2012 年，超星推出了基于知识挖掘的发现系统——超星发现。笔者个人认为，对于一般使用者来说，超星发现的最大亮点是学术辅助分析系统。如果要研究某一课题，学术辅助分析系统能够通过直观的图表呈现相关知识点、相关机构和相关作者，且标有相关性大小。该系统还具备对搜索结果进行年代分布规律分析的功能，可揭示出任一主题学术研究的时序变化趋势图，帮助研究者了解学术发展趋势。这些功能对于高校师生迅速学习不熟悉的学术领域有很大帮助，因此超星发现系统非常适合在全国高校图书馆推广。

超星数字图书馆、读秀和超星发现让超星公司在 B2B 市场上大获成功，首先要归功于技术难题的攻克。如果没有成本相对低廉的、效率相对较高的扫描技术，超星数字图书馆的资源整合速度就无法得到保障，读秀的建设也就不会那么顺利；如果没有数据仓储、资源整合、知识挖掘、数据分析、文献计量学模型等相关技术，就无法实现信息组织方式的转变，也就没有优化服务。除了升级以文字为主体内容的数据库以外，超星从 2006 年起投资建设学术视频库。新闻出版总署为支持超星学术视频的拍摄与制作工作，同意超星与北京博通电子出版社进行重组，使超星具有了出版资质。截至 2012 年，超星在学术视频库建设上的投资超过 2 亿元。专业化的拍摄团队保证了学术视频的质量，从视频的效果上看，超星学术视频不是呆板的课堂实录，而是综合了配乐、剪辑等多种技术手段进行了艺术化处理。面向个人用户的学术视频采用免费加付费的模式，前几集免费，其余按集收费。在超星学术视频资源库中，可以发现很多稀缺的教学资源。例如语言类就涵盖了葡萄牙语、意大利语、阿拉伯语等 30 余种小语种，其中不乏多位泰斗名家的身影。这些内容能够有效补充高校和科研机构学术资源的不足，为学术研究者提供高质量的学习资源。应该讲，在后“超星模式”时代，超星的技术转型和服务转型是成功的，也是在技术条件和版权环境制约下的一种理性选择。

四、结语

超星数字图书馆在扫描技术和版权问题的解决方案上与谷歌数字图书馆相比都存在差距。受限于技术水平和版权解决方案，超星也许难以像谷歌那样大规模扩张。尽管如此，超星所构建的“超星模式”要远比百度文库提出的“朱光保护费”模式更合理，更富有制度建设构想。一个公司的成功受制于很多因素，与超级公司相比，超星还很弱小，但其所建构的在现实基础上的技术选择、版权方案，以及技术的再转型，都值得珍视。

中国知网（CNKI）：政府扶持知识数据库的利与弊

根据中国知网的介绍，“CNKI（China National Knowledge Infrastructure）工程是由清华大学、清华同方发起的国家知识基础设施工程，始建于1999年6月。在教育部、中宣部、科技部、新闻出版总署、国家版权局、国家计委的大力支持下，在全国学术界、教育界、出版界、图书情报界等社会各界的密切配合和清华大学的直接领导下，CNKI工程集团经过多年努力，采用自主开发并具有国际领先水平的数字图书馆技术，建成了世界上全文信息量规模最大的‘CNKI数字图书馆’。”中国知网这样总结CNKI工程取得的成果：中国知网以建设国家知识基础设施为产业目标，用十五年时间打造了《中国知识资源总库》，“旨在囊括中国80%以上的公共知识信息资源；连续出版了《中国期刊全文数据库》《中国优秀博硕士论文全文数据库》《中国重要报纸全文数据库》《中国重要会议论文全文数据库》《中国年鉴全文数据库》《中国工具书网络出版总库》《中国基础教育文献资源总库》《中小学多媒体教育教学资源库》等系列数据库，文献总量现超过5 200万篇。”从这段“夫子自道”来看，CNKI是一项政府参与、财政扶持下的“基础设施工程”，其发展和运作是在政府的参与和支持下进行的。那么这一国家行为的目的何在？“知识基础设施”为什么会成为国家重点支持的项目？政府重点支持知识性数据库的利弊何在？

一、中国知网：中国特色的论文数据库

CNKI 工程的目标是实现全社会知识资源传播共享与增值利用。① 这一目标的提出，既基于人类正逐渐步入信息社会、信息产业蓬勃发展的历史事实，也基于国际文化产业和信息产业竞争环境下知识普及的需求。20 世纪末期以来，信息技术和通信技术的发展，使知识的快速广泛传播成为可能，人类可以更普遍地享有知识。也正是在此时，欧美发达国家认识到 21 世纪的竞争将是文化产业和信息产业的竞争，欧盟的版权一体化、美国和澳大利亚等把应对数字技术对版权的挑战作为文化产业和信息产业发展的基础性、关键性政策。1993 年，美国政府就提出“国家信息基础设施”（NII，National Information Infrastructure）行动计划，即著名的“信息高速公路”（information highway）计划，该计划主要涉及信息产业和通信行业，其目标是建设一个由高速通信网络、计算机、数据库以及各类电子产品组成的信息高速公路。同年，日本政府也决定建立全国超高速信息网。1994 年，欧盟宣布将建立自己的“信息高速公路”。这次革命的影响所及，大大改变了人类在工业社会以地理位置相对集中为主要特征的工作、生活和交往方式，推动社会进入一个新的文明阶段——信息社会。

信息技术和通信技术革命为我国赶超世界先进水平提供了极

---

① CNKI 工程的具体目标，一是大规模集成整合知识信息资源，整体提高资源的综合和增值利用价值；二是建设知识资源互联网传播扩散与增值服务平台，为全社会提供资源共享、数字化学习、知识创新信息化条件；三是建设知识资源的深度开发利用平台，为社会各方面提供知识管理与知识服务的信息化手段；四是为知识资源生产出版部门创造互联网出版发行的市场环境与商业机制，大力促进文化出版事业、产业的现代化建设与跨越式发展。见：《中国知识基础设施工程》，http：//cnki. net/gycnki/gycnki. htm。

为难得的机遇。以 1998 年信息产业部成立为标志，中国的信息产业进入了新的发展时期。“国民经济和社会发展十五规划”明确指出：“以信息化带动工业化，发挥后发优势，实现社会生产力的跨越式发展。”要切实推动国家信息化建设，首先必须做好信息基础设施建设。而信息基础设施建设的关键和核心任务即信息资源的开发利用。“国民经济和社会发展十五规划”将信息资源的开发与利用纳入到了信息基础设施的范畴之内，充分体现了国家对提升信息资源开发利用能力的重要性的认识。在此背景下，以实现全社会知识资源传播共享与增值利用为目标的信息资源开发利用项目——CNKI 工程应运而生。问题是，仅仅依靠国家的直接投入，能否支持这项工程的顺利实施？

20 世纪 80 年代以来，我国不少行业和部门开发了不少数据库，大多数都是国家以各种科研项目的方式投资建设的，没有商品化的目标和市场化的盈利模式，很多都半途而废。实践证明，信息资源开发利用要运用市场机制来运作，走信息服务产业化的道路。CNKI 工程的具体目标决定了这项工作需要很大的资金与技术投入，需要社会各界广泛的参与，不可能通过国家的一个科研项目顺利运作。要实现市场化运作，中国知网必须提供知识服务，创新商业模式。“从 1999 年 6 月‘中国期刊网’创办起，CNKI 数据库就确定了网上包库、镜像站点和全文光盘三种基本用户服务模式，并根据用户设备和网络环境，每种模式下又设计了若干种细化服务方式。”[①] 这些知识服务，概言之，即从各种显性和隐性的信息资源中，针对人们的需要将知识提炼出来。有产品，有需求，必然有供求关系，市场化运作顺理成章。清华同方在 21 世纪伊始提出了产业化知识服务模式的理念，实际上已经具备了市场化运营的条件。具体来讲，该理念主要有以下两个

① 清华同方光盘股份有限公司发行中心：《CNKI 数据库用户服务模式及其订购办法》。

方面：

1. 标准化知识服务平台，最大限度地共建共享资源。

清华同方副总裁王明亮认为："信息资源共享是信息服务与知识服务的归宿。共享的前提是制定信息资源开发利用的标准。标准的产生需要在实践中考验、市场中认可。"体现市场机制的"最佳方式就是建立一个共享的信息与知识服务平台。在这个平台上，一个好的数据库从一开始就可以纳入全国性、全球性的信息与知识服务之中，达到最佳市场效果。这样，资源开发才可以避免单打独斗的风险，信息与知识服务业的发展速度可大大加快"①。

2. 优先发展机构专业知识库和知识仓库，逐步实现个性化服务。

清华同方副总裁王明亮认为，"在市场环境意义上，直接面向个人的信息与知识服务存在许多困难，B→B→C 模式仍将是服务的主要市场模式。当然，在知识服务模式之下，条件成熟将可以很自然地逐步实现市场化的个性化服务。B→B→C 的个性化服务具有双重性。一是面向机构用户（B）的个性化服务，称为 B→B 个性化；二是面向机构内部个人用户的个性化服务，称为 B→C 个性化。B→B 个性化强调的是信息的采集、知识服务的功能要满足机构内部整体性的知识信息需求，它可以通过一类机构用户知识需求结构的标准化，形成知识库的产品标准；B→C 的个性化服务则要求提供真正面向个人的解决方案。"②

可见，中国知网认识到了内容平台和内容服务的重要性，很好地把握住了未来网络经济以知识服务为核心的发展方向。起步阶段的中国知网文献产品还比较单一，只有期刊全文数据库一

① 王明亮：《信息服务到知识服务的转变之路——关于标准化信息与知识服务产业化运作模式的探讨》，《中国高校技术市场》，2002 年第 3 期。

② 王明亮：《信息服务到知识服务的转变之路——关于标准化信息与知识服务产业化运作模式的探讨》，《中国高校技术市场》，2002 年第 3 期。

种，是典型的提供文献型数据库。不久之后，以市场为导向、以个性化服务为宗旨的中国知网就建成了以知识服务为核心的网络平台。2001年9月，中国知网正式进入知识服务平台时代。现在的CNKI已拥有期刊论文、学位论文、会议论文、报纸、年鉴、图书等多种文献类型的数据库，并已将所有数据库资源统一置于中国知网网络服务平台上。可以说，CNKI工程是在信息产业迅速发展的大背景下产生的。这一大型工程的顺利实施，离不开国家对信息产业的支持，离不开各部门对相关社会力量的动员，也离不开市场化运作。国家的力量与市场化的运作方式，让中国知网在短时间内成为国内领先的内容平台，其占有的大量内容资源，开始满足社会各界对知识资源的需要。

二、资源聚合与推广：政府参与下的市场化运作

为“实现全社会知识资源传播共享与增值利用”这一目标，首先要将分散于全国的知识资源加以整合，其次要实现数据库的推广。政府参与市场化运作，一方面能动员科学教育界在短时间内完成内容整合，另一方面可利用行政力量实现产品的推广。从长远看，数据库是出版集团做大做强的基石。国外施普林格、里德·爱思唯尔旗下的数字内容平台，在21世纪伊始就实现了期刊的优先数字出版，不仅帮助企业实现了数字化转型，而且保证了它们在国际上的影响力和竞争力。在我国，不仅难以在短时期内实现优先数字出版，纸质期刊的数字化工作也步履维艰，这一状况与我国专业期刊分布状况有关。我国的专业期刊并不集中于少数几家出版巨头，而是分布于各高校和科研机构，各自规模较小，无法依靠自身力量实现数字出版转型。总体而言，我国专业期刊数字化进程非常缓慢，这就影响了专业期刊出版的整体信息化水平。政府的动员可以在一定程度上弥补上述资源不集中的问题。因为有教育部等政府部门的配合，中国知网不仅可以较为顺

利地集中各高校及研究机构的内容资源（如硕、博士论文等），还可以迅速地将新资源呈现给用户（比如，笔者于2016年7月2日登录中国知网首页时，“知网动态”的头条是《建党95周年专题数据库正式上线》）。

经过多年努力，中国知网的数据库收录了大量的中国的期刊杂志、学术论文、会议论文、报纸、年鉴、工具书、国内外专利，还有国家的科技成果，以及一些图书、图谱，形成了庞大的资源数据库体系。以期刊数据库为例，中国学术期刊网络出版总库号称世界上最大的连续动态更新的中国学术期刊全文数据库，以学术、技术、政策指导、高等科普及教育类期刊为主，内容覆盖自然科学、工程技术、农业、哲学、医学、人文社会科学等各个领域。相比万方、维普等数据库，中国知网总库拥有更多独家内容。齐全的资源让人仿佛不必担心文献遗漏的问题，对于需要经常下载论文的专业研究者来说，中国知网已成为科学研究必不可少的文献来源。除了品种齐全的优势之外，中国知网的另一大特色是围绕不同的读者，提供专业的学术库。比如《中国经济社会发展统计数据库》《中国法律知识资源总库法律法规库》《中国专利全文数据库》等。一般而言，数据库内容越多越杂，越可能满足用户的检索需要，但是中国知网的主要用户是专业研究者，他们往往不会以模糊搜索的方式寻找文献。专业的数据库恰好满足了用户的特殊需求，研究者可以在中国知网平台上选中所需的数据库进行检索，从而避免无关内容的干扰。因此，分类建设的专业数据库应要求而生。

分类建设数据库的方式表面上看并不复杂，实质上是一种基于内容整合的个性化知识服务。如前所述，中国知网的知识服务分为两个层次，一是面向机构的知识服务，二是针对个人的知识服务。对于这两个层次，中国知网都力图做到个性化服务。比如对于专业院校配备专业性内容，对于综合性院校配备全部内容；对于个人用户，不仅得把用户的研究对象的相关资料收全，还要帮助用户跟踪最新的进展。总而言之，中国知网不是简单地把传统出版物搬到网上进行出版，而是始终秉承知识服务的理念，帮助上游出版业实现数字化转型，帮助下游用户迅速找到他们所需的内容。在整合内容的基础上，中国知网针对不同的用户提供针对性的产品和服务，有效地实现了内容增值，走出了一条比较适合中国国情的数字出版之路。

三、创新不足与侵权：政府参与市场化运作之弊

1. 政府参与与优先数字出版。

优先数字出版是一种成熟的数字出版模式，该模式运用XML及其相关技术，实现出版业出版流程的转型和商业模式的创新，改变原有的“先纸质，后数字”的出版流程。优先数字出版实质上是信息组织方式的革新，对于我国来讲，跟上国际优先数字出版的潮流很有必要。优先数字出版的必要性和优势体现在：

从论文作者的角度看，论文出版时滞长会造成科研成果不能及时发表，造成科研成果的知识产权被别人抢先注册。一些专业性学术成果本身就具有很强的时效性，几天、几个月后就可能成为“过去时”，失去刊发意义。国际上普遍认为科研成果的首发权是以发表时间为准，研究成果按篇优先数字出版的优势就在于更加彻底地解决学术论文发表时滞过长的问题，使作者的成果首创权和知识产权得到更可靠的保证。中国的研究者在与世界科学家和学者相切磋、抢前后的过程中，更需要中国期刊文献的发表速度赶上国际水平，甚至快于国际同行。

从读者的角度看，现代科学技术更新换代的速度大大加快，学术交流越来越频繁，谁能第一时间获取到最新的研究成果和科研情报，谁就可能抢占科学发现的制高点，夺取竞争的主动权。鉴于第一时间获取研究情报的价值相当高，研究机构和研究者都

希望以最快速度获取所需的科技情报，并愿意为此付出较高的代价。按篇优先数字出版从速度和服务上都将大大提高科技情报的价值，满足研究者对最新成果的迫切需要。

从期刊竞争的角度看，按篇优先数字出版可以扩大专业期刊的读者群，从而扩大其影响力。试想中文期刊能够每天，甚至每时、每分钟快速发表论文成果，并将成果通过中国知网海外平台迅速传播至世界各地的研究者，那么期刊的影响就不仅限于国内。根据长尾理论，任何内容都有增值的空间。专业期刊通过数字化平台方便读者查阅和使用，能有效提高内容的经济价值。

优先数字出版并不仅仅是发达国家的专利，发展中国家同样需要通过技术更新带动自身发展。优先数字出版的意义不仅在于能够使出版链条上的利益相关者得到切实的好处，而且也符合国家推进知识创新的战略需要，对于促进国家知识创新具有重要意义。目前，国际上许多著名学术期刊都建设了优先数字出版平台，如 Nature 创办的“AOP”（Advance Online Publication），Science 创办的“Express”，施普林格创办的“Online First”，里德·爱思唯尔创办的“In Press”。

在优先数字出版这项技术的应用上，“中国知网”落后国际出版企业十年之久，直到 2010 年 8 月，中国知网学术期刊优先数字出版才开始在全国推广实施。[①] 除了我国专业出版资源分散的客观原因外，中国知网技术创新的主动性不强亦是重要原因。那么相比于国外出版企业在互联网兴起之初就纷纷应用优先数字出版技术，我国对新技术的应用为什么显得被动而缓慢呢？国外的专业出版市场虽然由几家出版巨头瓜分，但它们之间的竞争相当激烈。谁在数字化浪潮的冲击下落后于时代，就面临被吞并的危险。正是由于危机意识，各出版巨头在互联网刚刚兴起之时就

① 参见汪新红：《优先数字出版是提高学术期刊出版速度的一种新模式》，《中国科技期刊研究》2011 年第 1 期。

主动投入资金，主动创新技术，纷纷建立自己的出版平台。在我国，虽不乏维普、万方这样的数据库，中国知网面临的竞争并不激烈。由于有教育部等部门的支持，中国知网几乎网罗了我国各大学和科研机构的专业期刊，中国知网并不需要主动进行技术创新，就能从庞大的下载量中获取巨额收益。

政府参与中国知网的市场化运作，从短期来看加快了专业期刊上网的速度，但从长期来看拖后了我国专业期刊网上更新的速度。在国际 STM 出版企业早已实现全部优先数字出版的今天，中国知网上的许多科技文献还停留在纸质图书数字化的阶段，学术论文发表时滞过长的问题并没有随着期刊上网得到解决。

2.“知网涨价”：以公益之名侵权。

2016 年 5 月，中国知网的涨价成为舆论的中心。自中国知网提供收费下载服务以来，中国知网不知已将多少未经著作权人授权的硕、博士论文上传于网络。少数受害者拿起了法律武器，可绝大多数人并不会为了一篇论文打官司，或者根本不知道自己的作品已被非法销售。另外，对于在专业期刊上发表的论文，期刊只在页面上发布“本刊已加入 CNKI”之类的公告，就算完成授权转让，也严重损害了作者利益。政府推动知识库建设，本来是一件惠民的好事，但绝大部分内容增值产生的利润被知网及期刊获取，不能不让人产生质疑：以公益为名，难道就能损害个人利益？为了避免借公益之名损害个人利益的事件再次发生，我们非常有必要找出事件发生的根源。

中国知网为什么在侵权被曝光的情况下屡教不改？为什么十几年来对著作权人的利益视而不见？一篇名为《中国知网，以国家的名义不守法!》的网文给我们提供了一些答案：

“中国知网”一位雇员多次打电话来，反复称“中国知网”发表我的论文是国家重点的学术工程，是服务国家科技发展的公益事业，得到了某些某些重要机关的批准和支持，收录了大约 70 万篇每年毕业的硕士、博士论文，希望我要配合国家的重点学术项目……

事实上，在屡次遭受版权危机时，中国知网常以“服务国家科技发展的公益事业”为挡箭牌。中国知网的成长史让人不禁提出这样的问题：“知网涨价”事件难道是CNKI改变了其“公益初衷”，抑或其所谓“服务国家科技发展的公益事业”只是其市场化运作的节省成本的一贯伎俩？客观讲，CNKI取得的市场地位，一方面与其市场化运作有关，另一方面也离不开国家对信息产业的支持，离不开相关部门对相关社会力量的动员，对任何一方的忽略都是对历史的不尊重。由于有相关部门的支持，中国知网并不需要主动进行技术创新，就能从庞大的下载量中获取巨额收益。利润的已获得性，早已磨损了中国知网技术创新的动力，降低了个性化知识服务的主动性和服务质量。中国知网的成长史再次重复了一个故事：以政府为靠山、以公益为旗号实现利润最大化的企业，阻碍了充分竞争的、有活力的市场的形成，最终把获取垄断利润，而不是提升服务质量作为自己的发展战略。

从法律角度来看，“知网涨价”以社会版权意识提升、版权获取成本增加为由头，让人佩服中国知网说话的勇气。试问全中国之大，又有几个版权人获得过中国知网的稿酬？几个期刊获得过中国知网转载作者作品的合法授权？数以万计的硕博士论文授权是出于自愿吗？非自愿性授权有充足的法律基础吗？一个以“出售知识”为核心业务的企业，不尊重作者、不尊重创造力到堂而皇之、振振有辞的地步，是中国学界、出版界、图书馆界最大的悲哀。悲哀之处在于：在知识经济、创新经济时代，中国竟然仍然无法建立兼顾作者、出版商、内容平台商、读者的利益平衡机制，在“知识经济”时代漠视知识。在中国式版权环境中，中国知网变成了“痴网”：不仅要摄取内容聚集增值的钱，也要获取本该给作者、出版社的钱，更要给图书馆一个高定价。它已经分不清自己的“用户”其实也是自己的作者，榨取“用户”就是榨取作者，也是榨取自己赖以生存的创造力。

在自由竞争的市场上，只要买卖行为出于双方自愿，价格的涨跌只是供需关系的体现，政府没有进行干预的合理理由。为了达到利润最大化，获得垄断市场地位成了企业发展的目标，但垄断定价必然遭受反垄断法的拷问。从表面看，中国知网经过将近20年的发展，无疑已成为中文论文数据库的“大哥大”，专业性用户对其依赖性一直在增强，这也是中国知网尽管屡受舆论谴责，仍然我行我素，年年加价的原因所在。从中国知网成长史和法律的角度来看，“知网涨价”既缺乏历史合理性，也缺乏法律的正当性。中国知网以非合法、非完全市场方式获得的市场地位“自重”，是中国特殊版权环境和市场环境长出来的又一个“怪胎”。

破解“知网涨价”事件其实很简单，一是政府要构建公平竞争的市场环境；二是中国的出版界、学者、图书馆界应该联合起来，只有联合起来，才有和内容平台商讨价还价的能力，才有望构建利益公正平衡的数字出版体系。

四、小结

在信息产业大发展的时代背景下，政府参与知识服务平台运作为中国知网的迅速发展提供了有益的帮助。可在市场经济条件下，政府参与必须适可而止，形成盈利模式后的中国知网必须主动进行服务创新，必须为自身的经营行为负责。以政府为靠山、以公益为旗号实现利润最大化的行为严重有违市场公平，从长远看非常不利于形成充分竞争的、有活力的市场。

盛大文学：如何在大众出版领域成功经营版权？

尽管盛大文学这个名字因为资本运作已然不存在了，但其在全球数字出版领域取得的成功依然值得深入探讨。在全球数字出版领域，亚马逊在获取内容、建设内容平台、提供阅读客户端三个方面为业界树立了标杆。从总体战略上看，盛大文学所采取的正是亚马逊“内容+平台+终端”的运营模式。经过几年的发展，盛大文学逐步具备了以网络文学为特色的内容资源，开发出了以云中书城为核心的销售渠道。

与亚马逊不同的是，盛大文学的核心竞争力是网络文学，它建构了从作者队伍建设、作品发布到版权运作的网络文学整体产业链，被认为是世界三大数字出版模式之一。本文就以盛大文学的网络文学运行模式为主线，探讨在中国的文化和版权语境中，网络文学的数字出版系统为什么会“一枝独秀”？盛大文学如何解决困扰业界的版权问题？

一、从网络游戏到“大文化”：为何涉足网络文学？

在创业之初（1999 年），盛大凭借网络游戏在互联网内容服务领域立足，与文学并无交集。直到各大网络文学网站进入成熟期，盛大才开始以并购的方式组建网络文学业务。2004 年，盛大收购中国知名的原创文学门户网站——起点中文网。2007 年 3

月，起点获盛大网络1亿元增资。2008年7月，盛大公司将相继并购而来的起点中文网、晋江原创网、红袖添香这三家原创文学网站组建为盛大文学，构建了国内最大的网络原创文学平台，随后盛大文学又相继收购了榕树下、小说阅读网、言情小说吧和潇湘书院4家网站。

盛大公司组建盛大文学显然是要成为中国网络文学界的巨无霸，可事实上网络文学给盛大带来的收益不仅仅是网络文学直接收益（盛大2007年财务报告显示，年度净营收为24.67亿元人民币，其中网络游戏23.71亿元）。[①] 那么，从做网络游戏到网络文学，盛大的业务拓展到底是基于什么考虑？在名为《盛大宣布现金收购起点中文网 进军网络文学市场》的报道中，原盛大主席兼首席执行官陈天桥的解释是："收购起点网将帮助盛大巩固在中文在线娱乐市场的领先地位。起点网拥有丰富的原创在线内容，这与公司的发展战略是相互吻合的。文学是许多娱乐创作的源泉，哈里·波特和指环王都是源于文学的娱乐作品。拥有这些创作文学的版权，将使公司能够依靠这些文学作品的故事情节开发出更好的网络游戏。"的确，在使网络文学的内容为网游所用方面，盛大取得了令人瞩目的成绩。比如，由盛大集团开发，2008年9月正式投入运营的网游"鬼吹灯 Online"，游戏人物原型、情节、环境等均来自网络小说《鬼吹灯》，取得了极高的市场业绩。

从网游到文学，看起来突兀、事实上并不突兀的业务拓展，显然是经过公司内部仔细研究后，做出的一项极其重要的战略性决定。如果我们将盛大的战略决策放到网络经济的大背景下考察，就会认识到盛大的决策有一定的必然性。而将网络文学改编为网游只不过是总体战略中普通的一环，其真正的着眼点在于通

---

① 参见黄坚：《盛大开辟网络文学新"起点"》，《解放日报》2008年6月9日。

过提供内容服务，实现内容增值。

随着网络普及率的增加，网络阅读成为人们日常休闲和认识世界的一种重要方式。在盛大收购起点中文网的2004年，美国网络经济的发展状况显示，虽然与其他形式的网络商务服务相比，一般内容服务与电子出版服务的总收入并不算多，但内容服务肯定会成为未来网络上使用率最高的服务项目。[①] 一家网络企业要想发展壮大，必须要在提供内容服务上做文章。盛大本身就有运营网游的成功经验，因此转而开拓网络文学这项内容服务的新市场，实际上具有得天独厚的优势。盛大开辟网络内容服务的决策是顺应技术发展趋势和抢占市场制高点的表现。陈天桥在接受媒体采访时就多次强调，盛大的定位不是游戏公司，而是要做“大文化”产业，成为领先的互动娱乐媒体企业。这一定位与网络经济的发展趋势正相吻合。

当然，盛大选择网络文学作为“大文化”产业的切入点，除了可将网络文学改编成网游，更主要的原因应当在于，网络文学的版权价值和网络文学网站的品牌价值在当时已经凸显。在名为《盛大宣布现金收购起点中文网 进军网络文学市场》的报道中，其管理层介绍“在盛大收购起点之时，起点发布的各类文学作品（小说）达到14 000部，超过12亿字，起点还拥有其中最受欢迎的300多部作品的独家电子版权和游戏改编权；授权起点进行文学发布的作者达到10 000名，其中市场上非常活跃的原创作家大部分都是起点的签约作家；与此同时，起点中文网的影响力也在不断扩大并继续增长，网站每天的网页浏览次数接近3 000万，并在Alexa中国网站访问量的排名中名列第35位”。

盛大认识到，围绕着网络文学版权，能够开发多元产品，实现内容大幅增值，网络文学本身可以形成“免费+收费”的盈利

---

① 参见劳顿、特瑞佛：《电子商务：商业、技术和社会（翻译版）》，劳帼龄译，高等教育出版社2004年版，第725页。

模式。起点精心设计推出了一套全新商业模式——VIP 阅读模式。其独特性在于：一是对网上优秀作品进行签约，前半部供读者免费试阅，后半部需付费阅读；二是以章节为单位，按每千字 2 分钱的价格进行销售，如仅选择部分感兴趣章节，费用更低；三是作者可获得用户付费额的 50%～70%作为基本报酬，且按月结算；四是作品创作、发布、销售、反馈以分钟为间隔，作者与读者实时互动；五是尊重版权、严格准入，每个作者必须提供真实身份，对新上传作品必须声明版权所有权[①]。热门的网络文学改编为网游和影视剧，一旦获得市场成功则收益更高。“2009 年 1 月 10 日，起点中文网宣布以 100 万元售出我吃西红柿《星辰变》的游戏改编版权；他的另一部玄幻魔法小说《盘龙》的游戏改编版权则卖出了 300 万元，被同时改编成手机、网络和网页三大类型游戏，在上海电影节论坛上引起丹尼·博伊尔、史蒂芬·戴德利等世界级名导的注意。”[②] 诸如此类网络文学的版权经营，取得了令人瞩目的成绩。

随着数字化阅读的普及，网络文学的成功使盛大集团确立了新的发展愿景：成为世界领先的数字出版商。2010 年 3 月 10 日，盛大发布了“一人一书”（One Person One Book，简称 OPOB）的电子书战略。该计划的核心是在产业链的中游建立服务平台——云中书城（也叫云中图书馆），以连接上游的内容生产和下游的多样化经营。2011 年 2 月，盛大文学宣布，云中书城正式从盛大电子书官方网站中独立出来，独立后的云中书城拥有了自己的新域名，盛大文学以中游沟通上、下游的产业链布局清晰地呈现出来。

---

① 参见黄坚：《盛大开辟网络文学新“起点”》，《解放日报》2008 年 6 月 9 日。

② 参见禹建湘、欧阳友权：《网络文学产业论》，中国社会科学出版社 2011 年版，第 89 页。

盛大文学产业链架构①

上游		中游	下游		
原创文学网站	有声读物和数字期刊网站	云中书城	出版发行	阅读终端	拓展经营
起点、红袖添香、榕树下、小说阅读、潇湘书院、言情小说吧等	天方听书、悦读等		华文天下、中智博文、聚石文化等	Bambook、Android 版、iPhone 版、iPad 版等	编剧公司、“美女读书直播平台”等

二、特殊政治经济文化环境：为什么能在大众出版领域实现突破?

出版从业者一般将出版业分为专业出版、教育出版和大众出版三块，这三个领域都面临着数字化转型问题。其中，专业出版已形成以数据库为核心的盈利模式，代表者有爱思唯尔等；教育出版已形成以个性化教育服务为核心的盈利模式，代表者有培生教育等。唯独在大众出版领域，一直难以形成有效的盈利模式。在国外老牌大众出版商尚在探索之际，以草根文学起家的盛大却创造了一套相对成熟的模式。我们不禁会问，大众出版领域的数字出版为什么在中国茁壮成长，盛大为什么能在一条最难走的路

① 参见倪一鸣：《盛大文学向平台运营商转型之路——浅析盛大文学“云中书城”运营模式》，《出版科学》2014 年第 3 期。

上顺利前行？

起点中文网常务副总编廖俊华认为，网络文学的繁荣，背后是特殊的中国政治经济文化背景起的作用，是具有中国特色的特殊文化现象。而中国与外国在出版领域最大的不同之处，在于先审后发的制度。廖俊华指出，内容先审后发的制度，让能够快速满足需求的连载模式“在传统内容产品上不具备可行性，也就无法通过内容产品的快速调整或者迭代来满足用户日益变化的需求”。“互联网内容产品，在中国才算是实现了这种市场化的快速应变，因此网络文学才在中国有着这样畸形的繁荣。”这样的说法暗合了制度经济学的基本假说：“制度对人们能在多大程度上实现其经济上和其他方面的目标有着巨大影响。”[①] 当然，制度的影响并非单向线性的，奥地利学派视经济为一复杂的演化系统，“在人们选择适合其多种目标的事物时，经济中的有些因素会显现出来，而另一些因素则归于消失。”[②] 也就是说，制度大多具有难以预测的副效应。在内容审查制度对网络文学的影响问题上，廖俊华就认为，我们可以认为网络文学的繁荣是一种不幸，因为我们大量的内容需求竟然只有网络文学这种初级产品能够实现快速反馈。但是我们也可以认为这是一种幸运，因为我们的初级文化产品起步就站在了新媒体平台上，充分具备了互联网思维，拥有了未来向全球叫板的机会。除了根本性的政治经济制度因素之外，网络文学在中国繁荣的原因还有以下几点：

在中国的文化语境中，网络文学满足了过去的文化产品无法满足的需求，是一种增值空间巨大的商业产品。在网络文学出现以前，中国并不是没有通俗文学，并不是没有商业写作，可是但凡与文学扯上关系，永远有种严肃性，读者永远是知识阶层。相

① 柯武刚、史漫飞：《制度经济学：社会秩序与公共政策》，韩朝华译，商务印书馆2000年版，第33页。

② 柯武刚、史漫飞：《制度经济学：社会秩序与公共政策》，韩朝华译，商务印书馆2000年版，第41页。

比于我国传统出版社的遮遮掩掩，网络文学彻底释放了文字的娱乐功能，以流水线式的生产方式满足读者各种各样的欲望。这样的产品是真正大众的，它的功能等同于游戏，那些叫不出几个作家名字的大量网民，愿意消费价格既低，又能获得快感的商品。有研究者以“治愈性”概括网络文学的文化品性，认为网络文学的互动性、隐匿性、开放性、虚拟性等特点催化了网络写手与读者之间的相互治愈。

从我国市场环境上看，首先，网络文学及其改编作品的商业化，在中国的文化语境下还有很大成长空间。网络文学作品一旦获得知名度，就可以进行全版权运作。通过销售改编权和生产衍生产品，单纯的文字内容能够创造出数倍的附加价值。盛大较早地认识到了中国网络文学的版权价值和网络文学网站的品牌价值，果断做出收购多家知名网络文学网站的决策，盛大文学迅速“垄断”了网络文学这一市场前景良好的新型商品，从而成为网络文学原创内容生产的巨无霸，至今尚无人能撼动其地位。

其次，中国的版权环境和稿酬制度反向助推了网络文学的繁荣。在中国版权环境中，未成名的普通作者基本上很难获得任何版权保护，更谈不上获得稿费收入。即使能够获得稿费收入的极少部分作者，其获得的稿酬无论从横向还是纵向来看，都是十分低的。从纵向来看，在民国时期，许多作者通过稿酬可以过上一种体面的生活，今天这种情况只能在极少作家身上才能看到；从横向上来看，且不去比较中外稿酬制度之间的巨大差异，就是在行业之间比较，写作已经算不上一个高收入行业，即使如获得诺贝尔奖金的莫言，其稿酬收入甚至比不上国内体育联赛的球星。中国的低版权保护、低稿酬制度、巨大的写作群体（也许得益于悠久的写作传统），事实上是盛大文学得以低成本运作的根本原因。

总之，盛大在网络文学领域的成功，与中国独特的政治经济体制、文化环境和市场环境紧密相关。文化产业发达的国家，一方面人民选择文化产品的余地非常丰富，另一方面以内容连载模式就能快速满足需求，因此并不需要急着将大众化内容与新媒体结合。而中国独特的环境为网络文学的繁荣提供了充要条件，这时候，谁先知先觉地占领市场，谁就能在大众数字出版领域走在世界前列。

三、授权与分成："盛大式"版权机制

盛大的稿酬无疑是低的，但在中国当下确实有其存在合理性。尽管也有人怀疑自己作品被下载次数的真实性，因为确实缺乏使下载量透明化的制度设计。相比中国其他一些网络巨头，"盛大式"版权机制也有其考虑作者利益的方面，这也许与盛大本身就做内容创新有关。实践让盛大认识到：版权获取是平台建设中的重中之重，只有解决好版权问题，才能进行后续的版权开发。打开云中书城首页，我们既可以看到盛大文学自身的原创内容，也可以找到传统出版社的内容资源。那么，云中书城是如何解决版权问题，将不同来源的内容资源整合到一个平台之上的呢？

1. 原创内容的版权获取。

根据起点网的介绍，在作者专栏开通后，作者可决定作品的授权级别：

（1）专属作品：我谨保证我是此作品的著作权合法人，保证此稿件系首发于"起点中文网"及"起点中文网"所属合作的网站和媒体，同意起点作为此稿件版权的独家发布人。在撤销本委托之前，保证不再将此稿件投给其他出版社媒体，有关此稿件发表和转载等任何事宜，由起点中文网全权代理，向其他出版媒体推荐作品。

（2）驻站作品：我谨保证我是此作品的著作权合法人，我同意"起点中文网"及"起点中文网"所属合作的网站和媒体

发表此稿件，并承诺主动在起点中文网站上进行作品更新。未经起点中文网或本人同意，其他媒体一律不得转载。

（3）授权作品：我谨保证我是此作品的著作权合法人，此作品授权“起点中文网”及“起点中文网”所属合作的网站和媒体交流发表，未经作者本人同意，起点中文网不可向其他出版媒体推荐，其他出版媒体也一律不得转载。

从可授权的方式来看，盛大为作者提供多种授权选择，一方面维护了作者的权益，另一方面让盛大文学获得了合法版权运营的权利。这样的版权获取方式比较合理，因为它兼顾了作者和企业的利益，双方都能在此框架下实现自身目的。由于作者是原创作品的实际生产者，除了提供合理的授权方式，盛大文学还要努力做到网罗优秀的作者所有作品的版权。盛大文学的作者应当都清楚：盛大文学采取了类似员工管理激励的制度来培养和管理作者，不同的签约作者拥有不同的资助级别。如果作品受到市场欢迎因而获得传统图书出版机会，作者还可以获得传统图书稿酬。这样的机制让盛大文学能够稳定地持有优质作家作品的版权，形成版权经营上的良性循环。

网络文学作品的价值不仅在于内容，而且在于形式。解决了版权问题，盛大文学就可以全心全意地投入到版权演绎，以多种媒介为载体进行内容的改编。改编后的内容不一定忠实于原作，只要改编内容符合媒介使用者的欣赏习惯，就是成功的演绎。

2. 与传统出版社合作。

在内容获取方面，盛大的内容量在国内首屈一指，但其优势仅在于海量的原创网络文学作品。盛大无线阅读收入的增长超过在线付费网站的收入增长的业绩说明：盛大提供的内容更适合利用零散时间的浅阅读。这对于力图成为世界领先的数字出版商的盛大来说，显然是不够的。因此，盛大必须与传统出版社合作。但在同传统出版商合作方面，盛大并不像亚马逊那样一开始就与出版商走得很近，因此盛大需要在这一问题上取得突破，才能在原有优势的基础上巩固自己的地位。

针对以上问题，盛大利用云中书城平台，成功地将传统的店中店概念引入到数字出版行业中。

所谓“店中店”，即出版社以自己的品牌名义，在云中书城开设销售“店面”，出版社自主上传版权作品，对外开架销售。这个模式，类似于在大型超市开设单独的商业专柜，作为“超市”一方，云中书城不但提供“经营场所”，而且还协助出版社进行数字版权的多次销售。与“经营场所”相配合，“云中书城拥有专业且经验丰富的运作团队，能够帮助出版商把握市场脉络，洞悉消费者心理，在让利读者的同时为出版商带来丰厚的利益。这也是众多出版商选择和云中书城合作的原因之一。”①

进入云中书城的网页，可以看到一系列的优惠活动，限时特价、限时抢购等活动吸引着读者的眼球。笔者于 2014 年 11 月 17 日访问云中书城网站，网站正中滚动图片有五项，分别是，马伯庸：错落历史 天马江湖，《永不磨灭的番号》限时特价，Bambook 阅读神器，报告：萌、傻、痴入侵，开仓特惠 官网专享：百病外治经典良方。不论是什么类型的出版社，只要内容有吸引力，就可能在云中书城平台上实现成功营销。

“四川文艺出版社就曾在云中书城的协助下，成功地运作了纸质书定价 170 元的经典传记《巴金的一个世纪》电子书 3.4 元秒杀活动，颇具轰动效果，取得了老书焕发新生、读者实惠购书的双赢局面。”“得益于盛大文学数量庞大的注册用户，各图书公司获得了海量关注，许多热销图书在云中书城也有优异的销售业绩，像上海宏文的《不负如来不负卿》；华文天下的《卡耐基大全集》《德川家康 1，2》《菊与刀》；新华先锋的《阅世心语》《浮生若梦》；四川文艺出版社的《巴金的一个世纪》等，都高

① 含文：《云中书城店中店势头迅猛，57 家新店开张》，《出版参考》2011 年第 10 期。

居热销图书排行榜的前列。"①

目前，云中书城的热门店铺不仅有起点中文网、红袖添香等网络文学品牌，还有中信出版社、磨铁图书等知名出版社和文化公司；云中书城的作者队伍不仅有老牌重量级作家，还有青年作家中的翘楚。笔者于2014年11月17日访问云中书城，其热门店铺网页中有"作家店"一栏，严歌苓、麦家、冯唐、苏童、韩寒等著名作家均在其列。

在传统出版商对电子书能否实现利益最大化的问题犹疑不定的时候，云中书城"店中店"模式充分考虑了出版社的利益的同时，依托于强大、专业的技术团队②，从平台到分销，从定价到结算，在各个环节上为传统出版单位提供服务和帮助，将质优价低的文学作品奉送给广大读者，吸引着越来越多的出版商共同搭建一座数字图书馆。

总的来看，云中书城为内容提供商搭建了这样一个平台：云中书城为内容提供商提供专业的内容管理和内容上传工具、个性化的运营数据统计分析、符合国际会计标准的稳定透明的结算系统，保证内容提供商的利益。③ 在和出版商合作的过程中，云中书城逐渐形成了自己的运作机制：较为重视版权保护，遵循了"先签合同，再审查，再上架"的版权授权流程；和出版商协商出版物的价格，建议定价模式，比如按本、按月、按下载、按字

① 含文：《云中书城店中店势头迅猛，57家新店开张》，《出版参考》2011年第10期。

② 盛大同亚马逊一样，十分重视互联网技术。以云存储为例。云中书城的内容以网络小说为主，并且以章节为单位发行。因此其数据多为数量庞大的文件，但每个文件大小仅为几kB至几十kB，以文件形式存放在服务器中。由于数量庞大，用户访问量巨大，普通的文件系统难以支持，无法提供令人满意的用户体验。云中书城在使用盛大云存储后，章节以更高效的key/value形式存储。在随后的业务发展中，云中书城提供更为丰富的文章资料，包括图文杂志，文件尺寸迅速增大至兆级别。盛大云存储在确保以往小尺寸的章节小说外，也很好地支撑了大容量文档数据的存取。

③ 参见袁洪娟：《云中书城店中店上线》，《京华时报》2011年4月12日。

数等，确定分成比例。在这一运作机制中，云中书城在一定范围内考虑到了出版商的利益，出版商也有一定的自主选择权，因此，有一部分出版商开始考虑把“云中书城”作为重要的销售渠道和展示平台。

四、结语

“盛大文学”之所以能够成为世界数字出版三大模式之一，与中国特殊的政治经济制度（内容审核制度）、文化环境（写作传统；大众的泛文学娱乐需求）和市场环境（低版权保护、低版税）存在着紧密的联系。

“盛大文学”成为世界数字出版三大模式之一的成功经验中，其与作者合作共赢的思想（尽管还是十分之不足）尤其值得中国数字出版界珍视。作为内容创新企业，盛大对版权机制的构建不仅考虑到了作者的利益，还对部分作家进行培养并促进其成名。这提示我们，互联网公司的盈利并不必然以损害作者的利益为代价，二者完全可以共赢。

第四部分　数字出版技术标准

PDF：如何成长为标准化及其标准化的意义

Adobe 公司的产品几乎覆盖所有领域的数字媒体和在线营销解决方案。包括阅读器与播放器，如 Adobe Reader、Adobe Air、Adobe Flash Player；桌面软件，如 Acrobat、Creative Suite；服务器软件，如 Cloud Fusion；页面格式技术，如 PDF、PostScript、Flash、FLV 和服务 Adobe Solutions Network。其中，基于 PostScript 语言的 PDF 是公司的得意之作，也是公司的基础性产品系列之一。经常使用电脑阅读文件的用户不难发现，大量的电子出版物、软件说明书、填报表格都采用 PDF 格式。自 1993 年 Adobe 发布完整的 PDF 技术规范起，PDF 逐渐成为信息交换的全球性标准，无论是个人、企业还是政府，都开始依靠 PDF 来处理大量的电子文档。PDF 为什么会得到使用者的广泛认同？它晋升国际标准的原因何在？要解答这些问题，须得回溯到 PDF 诞生之时。

一、如何成为技术标准——PDF 的技术特质

电子文件在阅读器之间传播和网上传播的过程中，如何维持显示格式的准确性和美观度，页面描述至关重要。20 世纪 80 年代是显示器格式竞争最为激烈的时代。1985 年，Adobe 公司出版了系统描述格式语言的《Postscript 语言参考手册》。Postscript 是一种描述文字、图片显示格式的可编写语言，以满足个人计算机

向打印机和照排机输出复杂格式的需求。由于具有语言丰富的图形功能，且能够高效率地描述极为复杂的版面，众多出版系统的排版和图形软件都支持 PostScript 语言，PostScript 在 20 世纪 80 年代末成为事实上的国际标准。但在 80 年代，因为格式转化问题，PostScript 也存在速度较慢的不足。90 年代，CPU 芯片速度的提高对这一不足有所改善，但这一问题并没有得到根本解决，并且由于互联网的逐渐普及，解决这一问题成为摆在 Adobe 公司眼前十分迫切的任务，这一不足在当时关联到以下三方面问题：PostScript 文件所占内存比较大，难以通过互联网实现大规模快速传播；由于当时的网速还比较慢，常常发生传输中断的现象；当时的 PostScript 文档不具备修改功能，当 PostScript 文件经过 RIP① 处理后，如果需要修改文档，必须要在原制作的软件中修改，然后再生成 PostScript 文档等。

鉴于 PostScript 的众多输出问题，以 PostScript 为基础的印前工作流程管理系统的可靠性值得研讨。PDF1.0 于 1992 年秋季在 Comdex 发布，该技术获得 Best of Comdex 奖项。用以创建和查看 PDF 档案的工具 Acrobat 于 1993 年 6 月 15 日推出。PDF 全称为"Portable Document Format"（便携文档格式）。所谓"便携"，是指 PDF 格式的文件无论在何种机器、何种操作系统上，都能以制作者所希望的形式显示和打印出来，表现出跨平台的一致性。PDF 文件中可包含图形、声音等多媒体信息，还可像超文本文件（HT-ML、HTM 文件）那样建立主题间的跳转、注释。PDF 具有图像和文本格式的双重特点，是目前最常见的电子读物格式之一，被各方面所广泛使用。PDF 与 PostScript 之间的区别在于：PostScript 是一种程序化语言，可以自由编程，但自由度导致了 PostScript 文件

---

① RIP 是"光栅图像处理器"（Raster Image Processor）的简写，通常指的是把 PS 文件经过解释运算，转变成光栅点阵数据的处理器或处理软件。它是印刷行业的一种重要软件或设备。所有的输出设备如打印机或照排机等，都需要有一个 RIP 来驱动。

在输出时经常出现错误，影响 RIP 的正常运行；[①] PDF 是一组标签，决定文档的显示格式，不需要功能性的程序性语言，更简单有效，极大地降低了输出时的错误。PDF 文件不仅是平台中立的（也就是说在任一计算机上均可继续处理），而且也是媒体中立的。这意味着，PDF 一方面可用于制作印版，另一方面可以在数据载体上，如 CD—ROM 或互联网上用于交互式的观察。因此 PDF 逐渐成为出版界理想的多媒体交换格式。可以说，PDF 解决了 PostScript 在输出等方面的问题，是 PostScript 的继承和优化。由此不难看出，正是基于文件小、传输快、文件格式表达准确丰富、高压缩、高可靠性、跨平台传输的特性，PDF 逐步成为印刷出版的工业技术标准，改变了各个公司在显示格式上各自为政的状况。

二、如何成为国际标准——从专利到免费

"Adobe 一直是 PDF 技术的主要开发者和专利持有人。自 1993 年 Adobe 发布完整的 PDF 技术规范，PDF 实际上已经成为安全可靠的信息交换的全球性标准，政府和私人产业都开始依靠 PDF 来处理大量的电子档案。为了将 PDF1.7 作为国际标准发布，2007 年 1 月，Adobe 公司宣布向 AIIM[②] 公布完整的 PDF1.7 规范。2007 年春，Adobe 公司的 PDF 专家将 PDF1.7 文件转化成了 ISO 草案，2007 年 6 月 AIIM 将其提交 ISO ‘快速通道’"。[③]

---

① 胡维友：《闲话 PS 和 PDF》，《印刷世界》2003 年第 3 期。

② AIIM（The Association for information and Image Management，美国信息与图像管理协会），是著名的企业内容管理协会。

③ 国际标准是国际标准化组织（ISO）各成员团体协商一致的结果。ISO 技术委员会和分委员会制定国际标准通常要经过 6 个阶段：1. 立项阶段；2. 起草阶段；3. 征求意见阶段；4. 审查阶段；5. 批准阶段；6. 出版阶段。如果某个标准在提出标准项目的时候已比较成熟，例如该标准是另一个组织制定的标准，便有可能省略某些阶段，通过快速通道直接晋身为国际标准。见：张淑霞：《ODF、OOXML 和 PDF 通过快速通道晋身国际标准的启示》，《数字与缩微影像》2008 年第 4 期。

根据印刷网的报道，2008 年 7 月，ISO 批准 Adobe 公司的 PDF1.7 为国际标准 ISO 32000 - 1 : 2008。当时 Adobe 公司为创建 PDF 档案的工具开了一个天价，Acrobat Distiller 的个人版与网络版的售价分别是 695 美元与 2 495 美元；甚至 Acrobat Reader 也要付 50 美元，这种策略当然不会促使 PDF 格式成为流行格式。后来，Adobe 终于压低售价同时推出了免费的 Acrobat Reader 版本。那么是什么促使其推出免费版本?

虽然相比于 PostScript，PDF 更符合未来技术的发展趋势，但 PDF 一开始的推广实际上非常缓慢。主要原因有三：一是 Acrobat 产品不仅不免费，而且价格昂贵；二是功能上的不完备，比如不支持外部超级链接，不支持线性传输，渲染缓慢等；三是竞争对手方面，1995 年发布的 DjVu 标准在 ebook、图像共享等方面取得成功。为了使 PDF 占领更多市场，Adobe 进行了免费阅读器 Acrobat Reader 的研发，同时着手弥补 PDF 标准的缺陷。最终，PDF 成为互联网可打印文档事实标准。Adobe 提交标准化申请，表面上是主动放弃了一项重要专利：PDF 文件格式被认定为 ISO 标准，意味着 Adobe 放弃了对 PDF 文件格式未来发展的部分控制权。但事实上，Adobe 公司不再单独决定 PDF 文件格式未来的道路，转而作为确定 PDF 文件格式未来发展的参与者之一，很可能利大于弊。

首先，Adobe 公司的标准化策略让 PDF 的权威地位得以巩固。Adobe 公司的客户，尤其是政府客户，一直在提醒该公司，如果 PDF 成为国际标准化组织的标准，那么他们在支持 PDF 格式方面将获得更大的信心。成为国际标准后，PDF 的官方免费阅读软件 Adobe Reader 也能够更好地提供服务，增强使用者信心。Adobe Reader 功能包括查看和批注 PDF 文档、对 PDF 表单进行填写、签名和发送、可靠地访问 PDF 文档、管理软件推出和标准合规性（具体包括部署、加密、扩展和多语言选择）；Adobe Reader 还拥有移动终端程序，包括 iOS 版、Android 版和 Windows

Phone 版，能够满足市面上的绝大多数移动终端需求。

其次，Adobe 公司可以围绕 PDF 提供专业化服务实现盈利。Adobe 公司提供的 PDF 系列产品有 PDF 阅读软件 Adobe Reader® XI、PDF 编辑和创建软件 Adobe Acrobat XI Standard 和 Adobe Acrobat XI Pro 等。作为与 PDF 文件格式一起出现的编辑和创建软件 Adobe Acrobat 系列，从一开始就是 PDF 文件格式存在的重要组成部分，是最强大的 PDF 工具，包括 Pro 和 Standard 两个产品。目前，Adobe 推出 PDF 云端服务 Adobe Document Cloud，针对不同客户群的特殊需求，提供差异化产品，在 Adobe 美国网站上，“Acrobat DC Subscription 的价格为每月 14.99 美元、Creative Cloud Complete 价格为每月 49.99 美元；Acrobat Reader DC 为免费。”可见这些价格不菲的专业产品不仅可以弥补放弃专利的损失，而且可以凭借国际标准的广泛适用性在全球范围内获得盈利。

最后，在 Adobe 公司看来，标准化使 PDF 具备了更多优点，主要有：（1）开放标准：ISO 32000 开放标准可确保当今存在的 10 亿多个 PDF 文件的完整性和寿命。（2）可信：全球的企业和政府机构都使用 PDF 作为更安全地交换文档的标准格式，普通消费者也可以。使用包括口令保护在内的安全功能，可以防止其他人访问、复制、编辑或打印 PDF 文档。还可以通过将文本和插图加密成密文，或删除隐藏信息，永久性地删除 PDF 中的敏感信息。（3）多平台：几乎可在任何平台上查看 PDF 并与之交互，包括 Windows®、Mac OS 和移动平台，后者包括 Android™、适合 iPhone 和 iPad 的 iOS 和 Windows Phone。（4）广泛采用：全球有数千家供应商提供基于 PDF 的解决方案、增效工具和其他工具，以及专门针对 PDF 的培训和咨询。无论是企业需要将 PDF 文件集成到日常工作流程的专业化解决方案，还是使用者要接受有关最高效使用 PDF 的培训或建议，均可以得到支持。

将开发的语言和文件格式的规范公之于众，是 Adobe 公司长久以来的一项传统。这样可以使 Adobe 对规范变化保持控制能力，确保设立的标准能顺应技术的发展变化。更重要的是，开放标准让使用者不必担心一家企业的技术垄断，从而可以吸引更多的厂商开发基于开放标准的产品，专利公开者的市场也随之扩大。总之，PDF 之所以标准化，是因为这能给 Adobe 公司带来更广阔的市场以及更多的机会。

PDF 格式从正式诞生到成为国际标准，经历了 15 年的时间，也经历了从最开始的桌面出版，到交换、印刷、出版、归档等不断的改良；同时，以 PDF 为母版的标准也应运而生，如 PDF/A 面向档案、PDF/E 面向软件工程、PDF/X 面向工业印刷和 PDF/H 面向医疗等。PDF 标准的修订工作现已转交 ISO 技术委员会，Adobe 公司将不再单独决定 PDF 文件格式未来的道路，而是作为确定 PDF 文件格式未来发展的参与者之一。可以说，PostScript 是印刷出版时代的产物，是数字印前技术事实上的工业标准；PDF 是无纸化办公趋势下产生的一种跨平台的数据格式，是互联网可打印文档事实标准。作为一种通用文件格式，PDF 植根于 PostScript 技术，继承了该技术的所有优点，又考虑了未来数字出版的需要和技术特点，因此在印刷出版、电子文档传输和网络浏览方面都具有明显的优势，① 为人们所广泛采用。

---

① PDF 的主要优点：1. PDF 是一种跨平台的数据格式，特别适合于充当 PC 平台和 Mac 平台之间的数据交换角色。一个 PDF 文档，无论你当初是在哪一个应用软件中制作的，只要在常用的计算机平台如 Mac、Windows、Unix 上安装 Acrobat Reader 就可以打开它，甚至可以监测该 PDF 文档并输出该文档。2. PDF 特别适合印刷校样的数字发送，人们可以在 PDF 文档中加入注释说明，可以标记出错误内容和附加改正信息。3. PDF 文档能够被超强压缩，这一点对于数据传输和数据归档特别有用，同时极大地满足了按需印刷、远程打样、异地印刷的需求。4. PDF 是一种媒体中性的文件格式，既适合用于印刷媒体领域，又适合用于电子媒体领域。见：胡维友：《闲话 PS 和 PDF》，《印刷世界》2003 年第 3 期。

三、开放的 PDF 给市场带来了什么？

开放的 PDF 风靡全球的同时，也面临着诸多问题。对所有跨平台性电子文档格式而言，最重要的问题之一是文档的加密。Adobe 公司提供的标准口令加密方式，是通过其生成软件 Acrobat 来实现的。可以说 Acrobat 基本上有效且完整地实现了传统意义上的文档加密过程，保证了没有口令的用户无法打开加密文档。然而，加密和保护程序几乎没有一个是完美的，漏洞问题存在于每一个 PDF 的相关软件上。Acrobat 也存在一些缺陷，如“操作步骤繁琐、不支持批量加密、认证方式过于单一”等。在官网阅读器 Adobe Reader X 版本中，开发者采用了“沙盒技术”[①]，但“沙盒技术并不能阻止漏洞的产生，只是在漏洞被触发后提高了漏洞利用的成本，恶意代码还是可以直接在 Adobe Reader 进程空间驻留，并通过网络传送窃取到数据”。[②]

PDF 安全漏洞给了恶意软件编写者可乘之机。随着 PDF 文档在日常生活中越来越被接受和认可，恶意软件的编写者们也逐渐认识到了 PDF 文档的诸多漏洞。除了 Microsoft Office 文档，PDF 文档格式成为了恶意软件的新目标。据国外媒体的报道，安全机构 F. Secure 的调查报告显示，由于 Adobe 系列软件有庞大的用户群体，攻击者们已经将 Adobe 中的 PDF Reader、Flash 等组件作为新的最主要的攻击目标。《六成黑客攻击与 PDF 漏洞有关 远超微软》的报告显示，“仅 2010 年第一季度，将近 900 次的攻击中有 61%与 Adobe Reader 软件有关，Adobe Reader 受攻击的次数从 2008 年只占总数的 29%一下跃升到 67%”。不仅如此，PDF 文档的安全问题有时会造成更大的安全威胁。据《PDF 惊

---

① 沙盒技术是浏览器和其他应用程序中保护安全的一种组件关系设计模式，最初发明者为 GreenBorder 公司。

② 宗波：《Adobe Reader X 保护模式技术分析》，《软件导刊》2012 年第 11 期。

现漏洞导致英国国防部雷达机密泄露》的报道，2011年，“英国国防部使用PDF文档处理机密文件，大量机密情报泄露，其中包括一份有关防空和空中交通系统雷达研究的机密文件，其危害无法估量”。

PDF文档正在成为传播恶意代码的工具，借助PDF的文档传播方式，恶意代码正在对社会造成日益严重的危害，甚至威胁着国家安全。PDF成为国际标准的同时，也应具备极高的安全性来保护重要信息的安全，对多种加密措施的开发和完善，是产品开发团队和研究者需要重视的努力方向。免费、开放的PDF对行业发展做出了巨大贡献。首先，PDF的标准化有助于便利用户的工作生活。试想，如果没有开放的PDF标准，每个国家、每个公司各自为政，那么如今的文件传输、文档打印等工作将会在格式转换的问题上浪费巨大精力；如果没有免费的PDF软件，如今普通用户的电子阅读体验也会大打折扣。开放的PDF让全世界的用户体验到了统一格式的便利，其意义好比“书同文，车同轨”。

其次，PDF的开放性有助于提高参与者的企业效益。在ISO技术委员会的把关下，每个公司都可以为完善该标准献计献策，这样做的最大好处是能够体现互联网时代的协作精神。信息共享的标准设计者可以互相交换技术，从而促进全行业的产品研发水平的提高。在每家企业所占市场份额的百分比变动不大的条件下，只要整体市场扩大，每家企业的实际效益就会提升。

最后，PDF标准化有助于促进竞争。开放的PDF一方面淘汰了无法按标准生产产品的公司，降低了劣质产品进入市场的可能性，另一方面引入了能够按该标准生产创新性产品的竞争者，比如福昕公司就在桌面、移动平台PDF解决方案和PDF安全解决方案上具有强劲的竞争力。这些公司的开发工具也许还不足以撼动Adobe公司的地位，但不可否认的是，竞争者的加入活跃了市场，让用户有了更多选择，满足了各种不同的商业需求。

四、结语

PDF 成为数字出版印刷技术标准的历程，一方面表明技术本身应解决现实的难题，并做到自我的不断完善，另一方面，也说明在数字出版时代，如何保持互操作性、兼容性，是扩大产业整体市场蛋糕和提高自己存活几率的一种战略选择。就技术能力来讲，Adobe 公司出色的技术能力使得 PDF 能够以“文本+图像”的格式，保留原文件中包括字符、字体、版式和色彩在内的全部信息；PDF 对文字图像的压缩能够使文件尺寸很小，且文件浏览不会受到操作系统、网络环境、应用程序版本及字体的限制，非常适宜网上传输。在互操作性和兼容性上来看，标准化、开放的 PDF 让 PDF 从技术标准转换为实施标准，让 Adobe 公司有了不败的基础，同时也让全世界的用户体验到了统一格式的便利，让数字出版市场蛋糕越做越大，让市场竞争更为充分而有序。我们需要更多体现互联网时代协作精神的标准化案例，在保证互操作性的同时不断创新。

OEBPS：如何成为数字出版通用标记技术标准？

世界上一度有 1 万多种文档存储格式标准，常用的格式标准却只有 300 多种，并且最为值得关注的是，文档存储格式彼此之间兼容性很差。对于个体消费者而言，阅读不同格式的电子书需要不同的阅读软件，这无形中加大了用户和企业的搜寻成本和转换成本，客观上打击了一个新兴行业消费者的信心；对于机构消费者而言，无法统一检索购买的不同格式标准的电子图书，意味着资源不能得以充分利用；对于数字内容的出版商和设备制造商而言，过多的文档存储格式的存在，增加了他们在格式选择上的投入，但又可能因为消费者对其所选格式的信心不足而难以得到应有的回报。以上内容表明了电子书格式标准化的重要性。在面对电子书格式问题时，中美的企业家、政策制定者持有不同态度，采取了不同做法，因此导向了不同的结果。

2010 年，以汉王为代表的中国电子书产业异军突起，国内关于电子书标准化问题的讨论也在这一年达到高潮。新闻出版总署和信息产业部都想制定电子书标准，并且都认为自己是唯一合法的电子书标准制定机构。这种热潮的持续时间非常短暂。2011 年，汉王股市垮塌，电子书的标准问题便再没有了后文。截至目前，在全球的电子书行业技术标准中，中国电子书行业现有的国际标准有两个，分别是 2002 年发布的 GB/T 18787-2002《电子图书阅读器通用规范》和 GB/Z 18906-2002《开放式电子图书出版物结构》。这两个标准分别就电子图书阅读器的技术要求、试验方法、检验规则及标志、包装、运输和储存，以及出版物文件的标识、元数据等进行了规定。随着数字技术的进步，中国电子书标准与市场需求之间的差距逐渐拉大，标准成了无企业采纳的"僵尸标准"，无法发挥标准对于整个电子书行业顺利发展所应起到的促进作用。与中国政府积极介入、大力推广不同，美国的OeBF（开放电子书论坛）尽管没有政府的大力推动，却在企业的广泛参与与行业协会的共同推动下，不断推出了OEBPS1.0、OEBPS1.2、OEBPS2.0，EPUB2.0、EPUB3.0。目前，EPUB不仅成为美国电子书产业的标准，而且正在逐渐成为信息传输的国际标准，2013年其全球会员机构已经超过300多家，囊括了全球与电子书相关的所有大公司。

一个由中国政府两个部门推动的标准最后不了了之，而另一个由市场和行业协会推动的标准却在全球大行其道（有人甚至认为OEBPS会成为全球信息传输的格式标准）。如果把数字出版产业比喻成海洋，技术标准就是可以扼住产业发展的海峡。那么"OEBPS"是如何成为扼住数字出版产业发展的"咽喉要地"的呢？

一、从打破垄断到全球标准：OEBPS的发展历程

1999年1月，为了打破PDF对数字输出格式的独霸地位，借助美国国家标准与技术研究院（National Institute of Standards and Technology）发布《开放电子书倡议》（Open eBook Intiative），微软联合Gemstar（收购了NuvoMedia、和软书出版社）起草了建议书，非正式地发起成立了开放电子书先导组织，同时成立了创作小组负责开发相关的规范和标准。

1999年9月，OeBF先导组织的成员批准了开放电子书出版协议1.0（OEBPS1.0）规范。2000年1月开放电子书先导组织

正式更名为开放电子书论坛。

2001 年 6 月，OeBF 发布了 OEBPS1.0.1，该版本改进了使用中发现的错误。

2002 年 9 月，发布了 OEBPS1.2 版，在格式和现实方面有所加强。

2002 年秋季，继续 OEBPS2.0 的工作，这是一个包含众多新功能的重要版本，尤其在导航与链接、国际化和元数据等方面表现良好。

2005 年，OeBF 更名为“国际数字出版论坛”（International Digital Publishing Forum，IDPF）。

2006 年 10 月至 2007 年，IDPF 发布了三项标准，即开放容器格式 1.0 版（Open Container Format V1.0，OCFV1.0）、开放出版物结构（Open Publication Structure，OPS）2.0 版（2007 年）和开放包裹格式（Open Packaging Format，OPF）2.0 版（2007 年）。这三项标准共称为 EPUB 标准。目前，EPUB 格式有了许多成功运用的案例。

2011 年 5 月，IDPF 组织正式确定 EPUB3.0 标准，在国际电子书行业推行开放格式的电子书标准。EPUB3.0 新格式的推出，引起了国内外的广泛关注。

二、成本、互操作性和创新：OEBPS 解决的问题

鉴于 PDF 在数字出版格式领域长期的霸权地位以及电子书未来的巨额商机，由微软牵头，几大网络公司和出版商创设了开放电子书论坛（OeBF），研发电子书显示和传输的格式标准，以避免在电子书显示、传输、打印上 PDF 一家独大。OEBPS 既然因打破垄断而产生，就意味着其不能仅仅为发起企业（微软）谋一己之私，它必须解决困扰一个新兴行业发展的根本性问题，这些问题可以归纳为：

1. 如何降低行业成本？

数字时代要求企业的数据资源不仅要结构化为不同的传输内容（电子书、纸质书、网站、数据库等），而且还需要在不同的电子阅读系统上可视，这些阅读系统通常具有不同的数据格式。如果格式之间不能兼容，意味着内容提供商、软件开发商、硬件开发商各自为阵，转换成本将急剧上升。数字时代，数据格式转换是有效利用数据和维持独创性的基本方式。格式的不兼容尽管保护了企业的各自“地盘”，但最终因盘子太小，成本太高，落得谁都无法盈利的下场，中国电子书产业在21世纪初期“格式暗战”就是这种现状的典型写照。因此，从降低行业成本的角度来看，电子书传输格式的兼容性（并非一致性），即发现可转换的中介格式，是降低行业成本的重要途径，这关系到产业链的所有利益相关方。

2. 如何维护消费者的信心？

如果消费者购买的阅读系统不能阅读其他格式的电子书，而提供阅读系统的公司又无法提供充足的阅读内容，那么消费者会逐渐失去对电子书的信心。从维护消费者信心的角度来看，阅读内容不仅应该能够在多种阅读系统中阅读，而且阅读系统应该能够阅读多种不同的内容。中国电子书行业的发展从反面给这一条定律做了一个注脚：为了维护企业自身的利益，各电子书提供商都制定自己的电子书格式标准和电子阅读器技术标准，导致自己生产的内容只能在自己主导的一种阅读系统阅读，这种不兼容的生产和消费系统最终消耗掉了消费者的信心，整个产业因此而坍塌。对一个新兴行业来说，如何做大“蛋糕”往往比抢占“地盘”更重要，因为“蛋糕”太小了，自己抢占的份额再大也没有意义。只有在电子书阅读系统的性能与互操作性方面支持消费者的信心，才能做大“蛋糕”，才能促进电子书产业的健康发展。

3. 在保证互操作性时，如何不压制创新？

一个健全的产业需要控制成本，需要维护消费者的信心，更需要鼓励创新。如果消费者认为购买某种专门的阅读设备只能阅读特定格式的电子书，而无法阅读其他公司的电子书；或者当他们换用其他公司的阅读设备时，原有的电子书却无法在新设备阅读；或者因为格式问题和版权问题的叠加，任何一家公司都无法提供充分的电子书资源——那么消费者就会对这个行业失去信心，而消费者的信心是一个新兴行业成功的关键。但是，强制执行一种电子书格式是否就能保证行业的“蛋糕”做大且又富有活力呢？事实恰恰相反。就电子书行业来说，既要解决格式之间的不兼容问题，也要鼓励促进具有更加先进功能的视听阅读终端和系统的出现。格式的兼容和功能的创新是电子书产业富有活力的两极，格式的兼容性不应该阻碍功能的创新。事实上，由于商业战略的原因，由于不同的技术取向，也由于对最佳格式的看法不同，出版商和阅读系统制造商不可能会一致同意使用一种单一的格式，这也许是中国政府积极推进 CEBX 格式，但最终接受者寥寥的根本原因。有些内容提供商和阅读系统提供商通过提供独特功能的阅读格式和阅读设备，为顾客提供了新价值和新体验，同时也为自己赢得“竞争差异”。如果在保持兼容性的同时损害了创新性，那么这必然对电子书阅读系统功能的提高和创新产生消极影响，也最终影响电子书行业的健康发展。要促进电子书行业健康成长，既需要标准之间的互操作性，也需要支持格式的创新，二者必须在产业内部有效统一。如果次优的发展战略、次优的格式选择阻碍功能更强大、技术更先进的产品的问世，对产业未来的发展负面影响是巨大的。

从行业整体来看，想要在提高内容、阅读系统的互操作性的同时维持功能创新，需要出现一种其他任何格式都可转换的通用格式。通用格式会解决新兴电子书产业所遇到的三大难题：增加消费者的信心和满意度，降低整体的开发和处理成本，支持创新和竞争差异——而这都是健康的、具有发展潜力的电子书产业所需要的。OEBPS 成功之道就在于提供了一种鼓励创新、降低成本、增加消费者信心的通用格式和交换格式。

三、交换格式：OEBPS 作为利益共同体

OEBPS 的产生是要为电子书出版提供一种现实的、经济上可行的解决方案，而非仅仅是理论上的解决方案。从行业整体来看，这种解决方案意味着要促进内容和阅读软件的互用性和可操作性，降低开发和处理的总成本，鼓励创新和竞争差异。为了达到这些目标，OEBPS 定义了一种居于出版商格式和各种阅读设备格式之间的交换格式，这种交换格式事实上成了数字出版（不仅仅是电子书）中的“通用货币”（common coin）。交换格式的出现，降低了格式转换上的投入，维护了产业利益相关者的共同利益，不同格式之间的转换程序数量只是输入格式的数量加上输出格式的数量。对于单个出版商而言，它们只需要保证自己的产品所用的格式可以转换为交换格式，就可以使内容在任何一家阅读终端上呈现，因此出版商就可以把资源集中在内容开发上。这也证实了：只有在内容、结构和显示技术标准的可兼容性框架之中，数字出版才有经济上的可行性。如何在保证互操作性的前提下支持创新？OEBPS 的做法是在基本 OEBPS（basic OEBPS）之外，有扩展 OEBPS（extensible OEBPS）的机制。其实，OeBF 在成立之初，其目标就定位在：

为电子书阅读显示系统建立通用规范；开发有利于内容提供商、阅读设备制造商，尤其有利于消费者的阅读软件和产品；促进电子书的使用范围；鼓励标准的国际化，让全世界的论坛成员、相关行业和受众采用这些标准；提升对电子书这一新兴出版行业的了解和接受程度。

OEBPS 的主要工作是对现有标准的选择与组合，比如 CSS、XML 等，在选择和组合标准的时候，OEBPS 注重在不牺牲互操作性的前提下，大力支持创新，促进竞争差异的形成。为了不降低内容和设备的互操作性，OEBPS 规范了基本标记词汇，并为其制定了样式规则（style rules）；为了保证创新性，OEBPS 规范了可扩展 OEBPS，可扩展 OEBPS 为 OEBPS 基本标记词汇（Basic Document Vocabulary）以外的所有 XML 元素制定样式规则。如果某一阅读系统不显示可扩展 OEBPS 词汇，那么内容制造商可以通过替代规则解决，其替代规则中至少有一项应来自 OEBPS 基本标记词汇（基本上是 CSS2 的一个大子集，只有少数例外）。所有的阅读系统都要求能够处理 OEBPS 基本标记词汇，阅读系统在处理专用 XML 标记的时候必须使用这些样式规则，以及在遇到不支持的数据格式时支持替代性 rendering 的系统。[1] 在 OEBPS1.2 版本中，OeBF 就已经定义了一个这样的备选（fall-backs）机制，以便能够正确显示多媒体和视频信息而不影响互用性。所谓备选机制是指当消费者的阅读终端不能处理某种格式的内容时，可将备选样式作为显示结果。

综上所述，OEBPS 可以很好地胜任出版过程中的三种角色：一种可以修改的档案格式，一种交换格式，一种天然的处理格式。OEBPS 最受欢迎的商业用途是作为一种交换格式：出版商将自己的格式转换为 OEBPS 格式，然后反过来将 OEBPS 转换成各种专有的电子书格式。[2] 这种格式的存在，使得内容开发商、阅读终端开发商、转换软件提供商、出版商之间的数字化交流成为可能。

OeBF 对国内外的相关组织机构都保持开放性，意图使其标

---

① 参见威廉·E. 卡斯多夫：《哥伦比亚数字出版导论》，徐丽芳、刘萍译，苏州大学出版社 2007 年版，第 448 页。

② 参见威廉·E. 卡斯多夫：《哥伦比亚数字出版导论》，徐丽芳、刘萍译，苏州大学出版社 2007 年版，第 411 页。

准化工作惠及整个行业，这也与其发起之时是为反对 PDF 的市场垄断地位相关。可以这样说，微软为了自己的竞争地位，最终做了一件惠及全行业的工作。事实上，Adobe 也成为开放电子书论坛的一个活跃的成员，同时作为论坛的“黄金级赞助商”在董事会中占有一席之地。OeBF 的成员包括主要的出版商、硬件制造商、软件开发商、经销商、服务提供商（如数字转换公司和排版公司）、重要的行业协会、公共部门代理机构、公益组织和其他的相关组织包括大学和图书馆、美国出版商协会、美国图书馆协会等。对电子书技术标准有兴趣的组织都可以成为它的会员。目前，国内外的阅读器绝大多数都支持 EPUB3.0 格式（OEBPS 最新的格式标准）。比如，艾利和公司的 iriver story、巴诺公司的 Nook、罗技公司的 Plastic Logic 等。目前，国际上主流的手机、平板电脑、阅读器也都兼容 EPUB3.0 格式（2014 年 6 月，EPUB3.0.1 被 IDPF（International Digital Publishing Forum）批准为最终推荐的规格（Final Recommended specification），成为流行的 EPUB 版本）。登录 IDPF 网站时会发现，IDPF 组织已增至 300 个遍布世界各地的成员机构。到目前为止，公开表示支持 EPUB 格式的机构包括 Google，Apple，Sony，B&N，Amzon，Adobe，Apex，EDItEUR，AAP（Association of American Publishers），UKPA（Publishers Association，UK）、IPA（ItalianPublishers Association）、JEPA（Japan Electronic Publishers Association）、CourseSmart，EAST，HOV Services，IDEAlliance，Ingram，Kobo，Monotype，MPS，OverDrive，Random House，Voyager Japan，WorldBlind Union 等众多机构。尽管各企业和核心用户的要求不尽相同，但 OEBPS 及其后来的发展 EPUB 还是根据数字出版的实践情况和商业前景明智地协调了各种对立的需求，反映了信息处理与出版的基本原则和最佳实践。

四、OEBPS的启示

长期以来，我们较为重视电子书规模的增长、读者阅读习惯的改变、数字版权以及设备制造商之间的矛盾等问题，但其实电子书格式标准化也是数字出版产业发展最为核心的问题之一。可以这样说，在数字时代，信息的快速、准确、有效的传输，必须依赖于信息组织方式（格式）的标准化，没有信息组织方式的标准化，数字阅读的优点是无法实现的。标准是数字出版行业发展的制高点，从以信息非实体化为特征的数字内容制作过程，到以信息重新实体化为特征的数字内容平台展示过程，标准化的意义体现在其中的各个环节当中。目前，中国电子书行业的现状就是没有自己的标准，我们不得不需要不断跟上、反复引进、采用国外标准。

对标准的普遍理解认为，标准化的形成过程中，标准可以划分为：源自日常使用或市场认可的事实标准，由各类协会、公认的标准设定组织以及产业联合体等自愿达成一致的开放标准，以及由当地、国家、联邦或国际组织强制执行的法律标准。标准化则意味着所有的市场参与者都采用了同样的标准。对于一个标准后发国来讲，常常寄托于政府的力量来解决标准化问题，以求在国际标准中有发言权，但事实表明政府强制的结果很可能事与愿违。

政府强制推行标准的缺点是价格机制与技术竞争难以在标准化的过程中发挥作用，并且由于信息不对称，企业通常比政府更了解自身的成本和技术进步的潜力。强制推行标准还会引起利益方的寻租行为。此外，强制推行标准化本身就意味着有关当局没有充分掌握企业诉求，因为如果标准化是符合产业链上绝大多数企业利益的，标准化会是一个比较容易接受的过程，就像OEBPS一样根本不需要强制推行。为了避免政府强制可能产生的负面作用，可以考虑通过行业（产业）协会制定开放性标准[1]。OEBPS 国际化的过程中，就是市场/委员会混合作用的过程。在新兴产业中，我们也许应该更加重视行业协会的参与和企业自身的协作，只有协作才能盈利。

① Choung, J. Y., Ji, I., & Hameed, T. (2011). International standardization strategies of latecomers: the cases of Korean Tpeg, T-Dmb, and binary CDMA. World Development, 39 (5), 824-838.

CEBX："标准后发国"的标准化之路

北京方正阿帕比技术有限公司（以下简称"方正阿帕比公司"）是北大方正信产集团旗下专业的数字出版技术及服务提供商。方正阿帕比公司自 2001 年起进入数字出版领域，在继承并发展方正传统出版印刷技术优势的基础上，自主研发了数字出版技术及整体解决方案。2013 年 2 月 28 日，原中华人民共和国新闻出版总署发布了统一的《数字阅读终端内容呈现格式》行业标准，该行业标准的核心技术以方正阿帕比的 CEBX 版式文档技术为基础。方正阿帕比公司一直认为 CEBX 具有独特的优势，也因为其强大的公关策略和技术实力，CEBX 最终成为官方所推行的一种数字出版技术标准。21 世纪的前 10 年，是中国数字阅读终端内容呈现格式竞争最为激烈的 10 年，方正阿帕比拥有领先的技术，官方又以行政之力大力推广其技术，但方正阿帕比公司的 CEBX 难于一统天下而成为中文数字阅读终端内容呈现格式，其原因值得深思。

一、方正阿帕比的技术选择

根据方正阿帕比公司网站的介绍，方正一开始进入数字出版领域时，将自己定位为提供数字出版解决方案的技术商。这一定位的内涵集中体现于 Apabi 这个名称之中：五个字母分别代表 Author、Press、Artery、Buyer、Internet（作者、出版社、渠道、购买者、因特网)，综合五者来理解，即以因特网为纽带，将传统出版的供应链连结起来，实现网络出版。在国内的数字出版还在摸着石头过河的起步阶段，方正的定位可谓明确而有前瞻性。当时方正非常关注国际上数字出版的发展，总裁肖建国在21世纪伊始时就曾指出："在国外，网络出版以及eBook产业，已经逐步走向商业化，而在国内，e-Book产业尚在启动阶段。北大方正将依据E-Media[①]的发展策略，全力支持网络出版的发展，积极推广阿帕比中文eBook方案，为中国出版业的网络化做出积极贡献，为中国的广大读者早日阅读到eBook提供最好的浏览软件。"[②] 这表明，方正明确地以技术商的姿态进入中国数字出版领域，着眼于为传统出版业提供技术支撑和技术服务。

应该讲，方正的定位是符合我国出版业的现实情况的。方正阿帕比公司的成功首先表现在平台建设。中国传统出版单位受限于技术壁垒和资金实力，无暇顾及数字出版技术平台的建设。而像方正这样技术出身的公司，对新技术的发展要敏感得多，技术研发的能力也强得多。方正通过提供完善的数字出版解决方案、建立数字出版服务平台，能够降低所有出版机构营销的门槛，实现技术商与内容提供商的共赢。方正阿帕比公司依托实力雄厚的方正集团，抓住中国出版业向数字出版转型的历史机遇，延续了北大方正在传统出版技术方面领先业界的优势，开发出了一整套能够最好地支持中文系统的数字出版解决方案。方正Apabi系列产品，提供了基于数字版权保护的eBook解决方案，其中包括"eBook制作出版软件、eBook

---

① 方正的E-Media（电子传播）是在电子商务的大环境中，突破传统媒体介质，融合互联网、通信、数字媒体、应用软件等技术而产生的一种全新数字信息生产加工和传播方式。方正看到了"媒体融合"的趋势，其眼中的媒体，是个"大媒体"的观念，即不同媒体形式之间的界限越来越模糊。

② 李彦魁：《阅读从此更精彩——解析"北大方正apabi——网络出版解决方案"》，《中国传媒科技》2002年第6期。

安全发行软件、eBook 交易处理软件、eBook 阅读软件、数字图书馆支持软件以及按需印刷支持软件等系统”。“通过方正 Apabi 产品，出版社可以很方便地、低成本地制作和出版 eBook，并且保护作者及出版社的版权；网上书店很容易建立网上 eBook 的销售系统；读者可以通过网上 eBook 书店买书、在本地机器上阅读 eBook，但购买的 eBook 只能通过授权传播；读者也可以在数字图书馆借书、还书。”①

众多技术中，尤其值得一提的是方正对电子书格式的技术选择。在当时的技术环境中，有的公司选择图像格式文件进入数字出版，如超星开发 PDG 格式。图像格式能够完整地保留纸质文献的版式，在实现存量文献的数字化方面有价格优势，但其不足也十分明显：一是在处理增量文献时，需要先出版纸质版，再将纸质版扫描，才能生成图像格式文献；二是无法根据技术的变化满足在重现纸质版式之外的其他需求，如个性化定制和丰富的搜索功能等。这样的生产流程与“优先出版电子书，按需出版纸质书”的成熟数字出版流程无法融合，对于谋求向数字出版流程转型的出版社来说，并不是好的解决方案。

“2000 年，方正自主研发的 CEB 版式文件技术符合 OEB② 国际标准，能提供流式、版式两种不同的呈现方式。”CEB 文件完全保持原书的版式（包括原书里的图片、表格、数学公式、化学公式、色彩等复杂的版面内容）。CEB 格式能对资源进行加密，拒绝“另存为”，从而防止了二次传播。更重要的是，“CEB 格

① 周劲：《引领电子书新时代——方正 Apabi 解决方案简介》，《出版与印刷》2001 年第 2 期。

② OEB 是 Open eBook 的缩写，用于格式化和包装电子书的一种行业标准。OEB 基于 XML，定义了电子出版物的文本如何被标记，以及一本 ebook 的各部分（封面、目录、正文、说明、索引等）应如何包裹在一起。OEB 实际上是一个综合体，可以说是 HTML 4.0、XML 1.0、Dublin Core 和 CSS1.0 的子集，可以降低产业相关利益方的成本。

式适用于中文排版，对于中文补字、大字库、小语种支持良好"[①]。"2001 年，方正又专门针对手机移动阅读设备开发了 XEB 格式技术。但之后发现，一本书既要做成 CEB 格式，又要做成 XEB 格式，不仅给读者带来麻烦（需要下载两种阅读软件），而且使电子书的加工过程变得复杂。方正希望能够把采用了方正技术制作的数字化内容以原版版式在各种拥有不同阅读格式、外形尺寸的终端上呈现出来。设想归设想，即使对于技术雄厚的公司，现实也是困难重重。Adobe 公司就曾计划开发新的版式文档技术，将 PDF 改造成用 XML 描述的文档，不过并不顺利。方正也曾认为，这一设想的实现'遥不可及'。不过技术型企业对创新的要求最终促使方正下决心挑战'融合'难题。方正最大限度地发挥了'产学研'体系的优势，最初'格式融合'项目被当作北大的研究生课题来操作，直到技术有了关键性的突破，方正才正式将其纳入到公司的开发体系中，从而有效地控制了研发成本和经营风险。"[②] 移动阅读将会成为电子书阅读的主流，而国内外没有能使移动阅读显示复杂版面的技术。[③] 基于这样的历史背景，方正明确了排版技术的发展目标，逐步向世界领先行列迈进。2008 年，CEBX 研发中的技术难点相继被攻克。CEBX 以 XML 为技术基础，使用该格式的数字文档，具有良好的屏幕自适应性，不同的阅读终端都能呈现良好的阅读效果，这就意味着"一次创建，全媒体使用"的技术得以实现。

---

① 周童：《方正阿帕比专注做"技术提供商"》，《计算机世界》2008 年 5 月 12 日。

② 刘艳：《CEBX：挑战 PDF 方正集团创新故事系列之一》，《IT 经理世界》2010 年第 17 期。

③ 参见黄肖俊：《行业标准〈数字阅读终端中的内容呈现格式〉研制的思考与体会》，《市场践行标准化——第十一届中国标准化论坛论文集（2014）》，第 1908-1911 页。

二、CEBX为何能成为官方推行标准？

在中华人民共和国新闻出版总署发布《数字阅读终端内容呈现格式》行业标准之时，建议全国各省、自治区等地的新闻出版局等有关出版单位，在出版数字阅读终端内容时采用该标准，以早日解决数字阅读终端内容格式纷乱的现象。方正阿帕比公司也认为自己的CEBX成为行业标准是被政府“有幸”选定的，“方正阿帕比作为国内数字出版领军企业，有幸被新闻出版总署邀请加入《数字阅读终端内容呈现格式》行业标准的核心起草小组，该行业标准的核心技术即以方正阿帕比的CEBX版式文档技术为基础”。为何有国际标准PDF格式以及国际数位出版论坛（IDPF）标准EPUB格式，我国还要单独制定该标准？

首先我们应认识到，标准是国家之间进行国际竞争的基础，自主制定标准有利于我国出版业参与国际竞争。对于一个国家来说，新闻出版有着特殊的地位和意义，需要以自主创新的技术为主导，要拥有属于我们国家自己的自主知识产权。然而中国国内流行的阅读呈现格式长期处于混乱状态，比较主流的PDF、EPUB格式都是国外的技术，可以说，整个电子书行业处于“为国外标准打工”的状态，严重影响了中国出版业的国际竞争力。自主制定标准的另一个原因与标准化的规律有关。尽管中国在电子书标准上属于后发国，但是技术进步的本质决定了在标准化的过程中，技术领先者和后发者的地位会发生转变。也就是说，我国制定的标准有可能比现有的国际标准“更上一层楼”。有学者曾考察了韩国eBook产业的标准化，认为韩国电子书产业最亟需的行动就是定义标准文件格式，以确保eBook内容的准确交换和分享，因而韩国推行的eBook的标准EBKS（EBKS标准充分考虑了韩国文学的特点，提供了反映不同文件结构的结构扩展方法，能够支持在韩国出版的大部分图书）意义重大。韩国的电子书标准化案例证明，如果技术标准后发国已经积累了一定程度的技术能力，就完全可以在国际标准的框架下实现技术创新，提升本国的标准化水平。“为了从技术发展中获益，标准的所有权非常重要，这意味着后发国可以选择加入源自领先国的标准，然后进行可以兼容的修改或改进，最后在综合考虑本国特点和能力水平的基础上，尝试建立新的独立标准”。[①] 这种标准化策略是中国可以考虑的选择，方正的 CEBX 版式文件技术就是在符合国际标准的基础上结合中文特点而成的企业标准。

标准化意味着所有的市场参与者都采用了同样的标准。标准后发国常常寄托于政府的力量来解决标准化问题，以求在国际标准中有发言权，摆脱“为国外标准打工”的状态，但研究表明政府强制的结果很可能事与愿违。由官方组织或委员会颁布的法律标准通常是对已有的事实标准的正式推行，市场力量不再是形成标准化的唯一来源。

研究表明，政府强制推行标准的缺点是价格机制与技术竞争难以在标准化的过程中发挥作用，并且由于信息不对称，企业通常比政府更了解自身的成本和技术进步的潜力。强制推行标准还会引起利益方的寻租行为。此外，强制推行标准化本身就意味着有关部门没有充分掌握相关信息。如果标准制定者因为缺乏信息而无法推行一个事前标准，那么政府的事后干预依然不会对市场表现有所改善。很多标准化机构忽视标准化存在这些问题，原因在于它们认为标准化的问题应该留给市场。然而，标准的拟订和实施是相互影响的。无论是在技术层面还是在政策层面，标准化组织都应该把其工作的重点从简单的拟定标准，转向更加系统的考虑拟定标准和实施标准上来。这方面一个典型的例子是 SGML 和 XML 的历史和发展。SGML 在其发展过程中一直都在被使用，

① 张大伟、杨丽娟：《电子书标准化中的政府角色与“后发国策略”》，《新闻大学》2011 年第 4 期。

并在1986年成为一个稳定且国际化的标准。XML则是作为SGML的一种在网页上容易实现的子产品来开发的。SGML标准的特点在于普遍的适用性，XML则强调简单和可实施性。有效的XML文件可以转换为SGML语言，反之则不行。由于存在这种不可兼容性，尽管SGML标准已经在很多方面取得成功，并在IT行业长期使用，但是目前XML标准的广泛采用趋势意味着在基于网络的环境中标准的实施需要简单性。标准的拟订与实施是密不可分的。

事实上，在从企业标准向行业标准转化的过程中，方正阿帕比公司对政府推动的关注，远远超过企业之间协商的重视。协商精神的缺乏自然会让其他企业觉得自己是不是会被方正阿帕比公司“牵着鼻子走”。没有信任就没有合作，这一点在CEBX的标准行业化过程中十分明显。为了避免政府强制可能产生的负面作用，可以考虑通过行业（产业）协会制定开放性标准。如果开放性的委员会与市场过程相比更可能在企业之间通过协调达成一致的话，那么由委员会制定标准要优于市场选择。

三、技术领先与技术标准的距离：行业标准的中国之困

虽然CEBX技术处于领先地位，且在国内市场中得到了一定程度的采纳[①]，但其影响力不仅远不及EPUB和PDF标准，而且不如亚马逊的专有格式。在我国的网络中，EPUB和PDF等国外标准依然占据着电子书的主导地位。我们通常会认为，先进的技术取代落后的技术合情合理，但在本案例中，先进的CEBX不仅无法取代原有标准，甚至无法树立起在网民中的知名度。技术优势无法转化成市场优势，依然让国外标准占据我国电子书产业，并不是方

① 据方正阿帕比公司网站数据，中国90%以上的出版社在应用方正阿帕比（Apabi）技术及平台出版发行电子书，每年新出版电子书超过12万种，累计正版电子书近70万册；中国95%的报业集团、800多种报刊正在采用方正数字报刊系统同步出版数字报纸。

正阿帕比公司乃至政府希望看到的结果。那么问题到底出在何处？放眼国外的行业标准，美国的 OeBF 尽管没有政府的大力推动，却在企业的广泛参与与行业协会的共同推动下，不断推出了 OEBPS1.0、OEBPS1.2、OEBPS2.0，EPUB2.0、EPUB3.0，逐渐成为信息传输的国际标准；提交标准化申请后的 PDF 的命运不再由 Adobe 一家公司掌握，在 ISO 技术委员会的主持下，企业广泛参与到 PDF 标准的建设中，为 PDF 赢得了巨大的影响力。

由此我们不难发现，在数字内容呈现标准领域，技术要想转化成市场影响力，光靠技术本身是不够的，相关企业的协作参与尤为关键。由于缺乏企业参与这一环节，方正阿帕比的 CEBX 技术虽然在国家的支持下从企业标准上升为行业标准，事实上并没有得到国内技术商的广泛认可，各企业内容格式各自为政的状况并没有随着行业标准的公布而结束。当然，如果方正能像亚马逊一样掌控内容，CEBX 也能够迅速被消费者认可，但显然这一条设想在中国是不能成立的。在技术商主导数字出版发展方向的中国，技术提供商深度参与内容资源的建设，很容易导致技术商与内容提供商的对立。因此，为了赢得内容提供商的信任，方正阿帕比公司也只好明确表示自己的角色定位是技术服务者。

四、小结

方正阿帕比公司在进入数字内容呈现格式领域时，结合国际环境和自身企业特点，正确地选择了符合国际标准和企业研发能力的技术。其研发的 CEBX 标准也因技术优势获得了国家的认可，从企业标准上升为国家行业标准。然而，国家虽然可以决定谁是行业标准，却不能让每个企业都认可该标准。由于缺乏企业间的参与协作，领先的 CEBX 技术并没有在市场中大显身手。要想打破标准建设中的困局，首先要打破行政主导的计划经济思维，让行业中的每一份子都参与到标准的制定中来。

第五部分　一本书和一本期刊

《骑弹飞行》：何以创造销售神话？

2000年3月，仅有394KB、66页的电子书《骑弹飞行》电子版在网上正式发售，定价2.5美元。出乎所有人意料，这本小书在上市的首日，就取得了40万册的下载量（近似于每秒钟有4.62个用户在下载这本书），当之无愧地占据了当时销售榜的首位，其作者史蒂芬·金也成为首位以电子出版的方式领衔销售榜的作家。美国电子书服务商Softbook首席执行官Keith Loris证实：因没有预计到这本书会如此受欢迎，设置服务器运转容量有限，销售期间，服务器几度出现运转困难，几近瘫痪。相比《骑弹飞行》上市首日40万册的下载量，历史上印刷版本的新发行小说第一天的销售记录只有7.5万本，这极大地震动了互联网领域和图书出版发行界。这次成功的网上书籍发行不仅使大洋彼岸的中国人知道了史蒂芬·金，更是世界图书业的重要里程碑，《纽约时报》甚至预言，《骑弹飞行》的成功，将在电子出版市场掀起一场大革命，其超前性、创新性可能动摇传统出版业的根基。在电子书产业已经获得巨大发展的今天，我们仍然需要深思《骑弹飞行》取得成功的原因，以及成功对于我们的启示。

一、何以创造销售神话？

斯蒂芬·金的《骑弹飞行》在网上一发布，就引起了业内的广泛关注，一些独立书店的经营者认为，史蒂芬·金在网络出版出现之前已经有广泛的读者群，这些忠实的读者并不会过于介意究竟用哪一种方式来阅读自己所喜欢的作家的作品。

诚然，《骑弹飞行》的成功与作者斯蒂芬·金的巨大影响力有关。史蒂芬·金曾创作的以《魔女嘉莉》为代表的一大批作品，不仅在图书出版领域赢得很高的评价，改编成影视剧本、舞台剧本和漫画书之后也收到了很好的反响。他的作品曾创下35 000万册的销售成绩，被《纽约时报》誉为“现代恐怖小说大师”，并获得美国国家图书基金会“终身成就奖”等荣誉。但显然，斯蒂芬·金的号召力并不是造成《骑弹飞行》电子书热卖的主要原因。该书的下载量远超过去纸质书的销售量，说明了下载此书的读者有很大一部分并不是斯蒂芬·金的忠实读者。那么，究竟是什么造成了《骑弹飞行》的销售神话?

宣传者将《骑弹飞行》标榜为“第一本只出电子版而不出印刷版的图书”，意图从形式上突出作品的重要性。事后的销售证明，“第一本”的噱头成了很好的卖点。我们也不妨从形式入手一探究竟。从形式上看，《骑弹飞行》与其他作品的最大不同之处在于承载内容的载体。长期以来，人们养成了以纸张为唯一阅读载体的思维定式，而电子书的出现颠覆了人们对阅读的认识。如今已司空见惯的电子书，在当时无疑是前所未闻的新奇之物，很多读者恐怕是出于好奇才去下载这部作品。我们说《骑弹飞行》是世界图书业具有里程碑意义的作品，并不是因为它出人意料的销售量，而是因为它的成功表明，电子书具有成为一种新的书籍形态的可能性，出版从业者可以以电子书为主要产品生成数字出版产业链。优先数字出版的出版形态最早由STM出版商投入商业实践，但在大众出版领域，由于对读者的阅读偏好难以把握，电子书并没有随着网络的普及迅猛发展。直到《骑弹飞行》电子版在网上正式发售，出版业才看到了网络对大众出版物的生产方式、传播方式也具有革命性的意义。

二、阅读方式革命和技术标准化：《骑弹飞行》的意义

在电子书广泛普及的今天，再出现与《骑弹飞行》同质的电子书显然不会引起出版业的震动。那么我们今天讨论这样一部属于过去的作品有什么样的意义呢？

数字出版产业链的构建，必然离不开作者、出版商、读者这三大群体。在网络条件下，作者的内容创作、出版商的商业运作、读者的阅读需求都发生了一些变化，这就要求内容提供者对出版内容和发行方式做出调整，以适应持有不同种类终端的网络用户的阅读需求。不可否认，如今的数字出版技术和营销手段比之《骑弹飞行》出版之时有了很大进步，再去回顾《骑弹飞行》的出版过程似乎没有必要。但如果我们从历史书写的角度出发，就会发现如今通行的数字出版技术和营销手段都可以从《骑弹飞行》找到源头。讨论《骑弹飞行》，实际上就是在讨论数字出版应具备的关键要素。

1. 适合网络阅读的内容。

网络用户多进行浏览性的浅阅读，语言简洁、故事性强的文学类作品更容易为网络用户所接受。斯蒂芬·金本身是讲故事的行家里手，内容的可读性自然有保障。从作品的形式上看，《骑弹飞行》只有60多页，每页约300个单词，且多用简单句，绝少复杂的单词和长句，一般读者在阅读时不会遇到障碍。如今，控制章节内容量，用语简练明了等写作手法已为网络写手广泛采用。这些写作特点都可以从《骑弹飞行》中找到原型。

电子书相比于传统书籍的优势一方面在于便捷和大容量，另一方面在于技术不仅可以呈现纸质阅读的感受，还可以提供新的阅读体验。在强调感受和体验消费的时代，阅读的人性化趋向伴随着电子书技术的发展而发展。技术支持下的电子阅读，不仅仅要有用户导向的内容，还要有用户导向的阅读体验。斯蒂芬·金

看到了网络阅读体验与传统阅读的不同，因此才能创作出典型的网络文本，吸引网络读者的注意力。

2. 数字出版技术的商业实践。

（1）电子书内容呈现技术。《骑弹飞行》这本电子书在网上发售之后，用户可以通过多种渠道、多种方式进行下载，包括亚马逊和巴诺书店提供的免费下载版、NetLibrary（世界上向图书馆提供电子图书的主要提供商，后为 EBSCO 信息公司收购）等提供的付费版本。这些不同的渠道商提供给用户的故事内容虽然相同，但由于不同系统之间文本格式的不兼容，用户在阅读方式和感受上会有所不同。

在这本电子书刚上市的第一个星期，Mac 用户和 Unix 用户不能阅读这本书，史蒂芬·金就此说道，“我自己作为一个忠实和长期的 Mac 用户，我对自己不能接触到故事感到一点惊讶和不满。”后来西蒙-舒斯特在网上公开道歉并且在技术上做了调整。亚马逊应用了 Adobe 软件的 Cross-platform 版 PDF 格式，用户可使用 Acrobat Reader 免费阅读。相比较于其他的 PDF 用户而言，使用 Glassbook Reader 可以享受更好的界面，同时它也支持 html 格式和 OEB 格式的阅读。如果是 Mac 和 Linux 用户，则只能依靠 PDF 格式。此外，Softbook 向用户提供付费功能，用户可以在系统内自由地将下载的电子书传输给朋友家人。但是他们只能收到其中的前几页，如果需要完整版可以通过链接购买。在 The Peanut Press 版本中，情况又不一样。电子书只对于运行 Palm OS or Windows CE 的 PDAs 有效，用户持有自己的密码打开书来阅读，并且不能与朋友和家人分享。

以上的混乱情况是整个电子书行业刚刚兴起时整体混乱的一个缩影。《骑弹飞行》出版之时，电子书标准化进程还处于起步阶段，因此出版商只能在不同平台上使用不同的编辑方法和格式标准进行呈现。标准的缺乏给用户带来了不便，但也正是由于《骑弹飞行》等第一批电子化大众出版物的成功，让业界看到了使用上的不便会给整个行业带来的危害，统一格式标准逐渐成为了业界共识。出版界认识到电子书迟早会成为商业出版的重要组成部分，为了使用户获得更优的阅读体验，必须不断完善电子书内容呈现技术。经过几年的努力，最终开发出了被广泛接受的标准格式，电子书标准化时代终于到来。

（2）DRM（数字权利管理）技术。如今广为人知的 DRM 技术即是通过《骑弹飞行》的出版得以实践。数字权利管理可以简单地定义为：用数字技术利用和管理作品的固有权利。它确保文本免于被盗版和不经授权的修改，从而保证作者的权利；又能够保证出版商从读者处获得收益。[①] 当出版完全建立在印刷的基础上时，大部分的销售以整本书为单位，且销售是永久性的；数字技术造就了新的销售渠道，出版商通过各种各样的途径将内容提供给其他出版商、图书馆、或消费者，而且授权的内容也各不相同。由于数字化内容有新的用法，相应地就需要新的保护知识产权的技术手段，《骑弹飞行》与 DRM 的关系即是如此。出版商用 DRM 来确定知识产权的用户，向他们收取费用，确定内容被使用的方式，确保内容在授权范围之内被使用，最后还要阻止内容的非法复制和再销售。总之，DRM 的意义在于让作者和出版商从数字出版中获利。出于自身利益的考虑，目前许多电子图书出版商在作品中嵌入了数字版权管理（DRM）软件。

（3）多渠道运营。如今，一本电子书在多个平台上发售已是通行的做法。《骑弹飞行》就曾成功地运用了这样的运营方式。2000 年 3 月，西蒙-舒斯特公司与渠道商、网络平台商进行合作：亚马逊、巴诺书店提供免费下载，而 Softbook 和 Netlibrary 则采取收费的形式，收费一般以每一篇故事 2.5 美元的定价进行销售。事实证明，该书不仅在营销上大获成功，一时成为互联网

① 参见威廉·E. 卡斯多夫：《哥伦比亚数字出版导论》，徐丽芳、刘萍译，苏州大学出版社 2007 年版，第 553 页。

领域的爆炸性新闻，而且掀开了网络出版的新篇章，引导了此后在全球掀起的声势浩大的网络出版热潮。此外，西蒙-舒斯特还有独立开发的网站 www. simonsays. com，专门用于《骑弹飞行》等电子书的出版，并提供已出版的书籍信息和自由书评的专项服务。[①]

可以这样说，《骑弹飞行》的出版利用了多媒体信息时代的各种信息、技术资源，销售渠道多元而有效，为以后的电子书发行提供了可资借鉴的经验。

三、电子书能否“骑弹飞行”？

从出版史上考察，《骑弹飞行》的头衔是世界上第一部只发行电子版本而不发行印刷版的图书。那么它的成功是否意味着电子书崛起？纸质书是否终将为电子书所取代？

科幻小说家常常喜欢描绘完全电子化的社会，那时人类已然不知纸为何物。从纯技术的角度看，这样的社会也许并不难实现。不过由于地区差异、文化惯性等诸多原因，在一定时期内，纸张仍将是社会生活不可缺少的一部分。正像达恩顿指出的那样，传统书的持久魅力揭示了信息传播史的一条普遍规律：一种媒介不会取代另一种媒介，至少短期来看是这样。然而不可否认的是，电子媒介正慢慢占领原属于纸质媒介的领地。我们幸运地见证着媒介演进的历史性时刻：旧的虽然根深叶茂，但已显衰朽之势；新的虽然刚刚萌芽，但却迅速发展、壮大。新旧媒介的交替必然要经过此消彼长的过程。造纸术的进步并没有使纸张在一夜之间让笨重的竹简和昂贵的布帛成为历史的陈迹；电话发明后又经过了几十年，才走进千家万户，最终取代了电报。新媒介要完全超

① 参见吴彦：《西蒙舒斯特公司（Simon & Schuster, Inc.）》，《大学出版》2004 年第 2 期。

越并取代旧媒介并不像想象中的那么容易。旧媒介常常会以意想不到的方式发挥其“比较优势”，在新媒介的压力下生成新的存在方式。电视普及后，人们曾预言广播的消亡。然而在网络已经普及的今天，仍然有无线电爱好者，城市中的交通广播等依然点缀着我们的生活。那么纸质书有没有可能生成新的存在方式呢？

有学者认为，“纸质书与电子书具有本质上的不同。纸质书是图书载体、图书内容和内容呈现器三者的高度统一，是三者紧密结合的综合体；而电子书只是一定格式的数字文件。在实践中，电子书与纸质书二者遵循不同的客观规律。只有认清电子书与纸质书的本质，承认二者的本质区别，尊重二者各自的规律，才能处理好电子书与纸质书的关系，才能充分发挥电子书和纸质书各自的优势，才能在数字化信息化大背景下更好地把握电子书和纸质书的发展趋势，促进它们协调发展。”[①] 在非完全电子化的社会，纸质书与电子书在物理属性上的差异决定了，纸质书仍然有其存在的空间。从纸质媒介环境中成长起来的一代，并不十分习惯电子书的感觉，而很容易缅怀纸质书籍的“流风余韵”。虽然电子书呈现内容的能力远非纸质书可比，但相当一部分读者还是更倾向于让纸张承载特定的内容。出版业要不断根据市场调整纸质书与电子书的生产比率，才能适应未来人们的阅读需求。在新旧媒介并存的状态下，我们要关注的是，如何使两者最大程度地满足人们的需求。

莱文森提出媒介演化的“人性化趋势”，他认为人基本上掌握着媒介演化的过程。[②] 也许新媒介会使我们麻木、痴迷，但麻木和痴迷状态总是短暂的，新媒介并没有压倒我们选择旧媒介作为补充性媒介的能力，也无法阻止人们追求更方便、更人性化媒

① 王跃虎：《电子书与纸质书的差异分析》，《科技情报开发与经济》2011 年第 31 期。

② 参见保罗·莱文森：《数字麦克卢汉——信息化新纪元指南》，何道宽译，社会科学文献出版社 2001 年版，第 56 页。

介的脚步。现阶段，电子书还是纸质书的补充，就是因为纸质书往往能更人性地满足我们的阅读需求。这样的状况会随着电子书的人性化演化发生逆转，纸质书终究会融入进电子书。用媒介理论家 Bolter J. D. & Grusin R. 的理论来说，这一过程就是再媒介化（remediation）——一种媒介再现于另一种媒介。Bolter J. D. & Grusin R. 认为，新媒介能够经由完全吸收旧媒介而再媒介化，进而将新旧之间的不连续性减至最低。[①]

正如没有人为“书于竹帛”的时代大唱挽歌一样；若干年后，也不会有人再为纸质书的逐渐消亡而悲叹。诚然，新媒介往往意味着肤浅，使我们麻木、痴迷，但麻木和痴迷状态总是短暂的，人基本上掌握着媒介演化的方向。人类的需求使媒介不断推陈出新，让人类最终放弃了旧媒介，选择了新媒介，我们没有理由为更符合人性化的选择感到遗憾。对于一种处在消亡阶段的媒介来说，我们有义务让它在新旧过渡中不断调整角色，更好地服务人类。对于一种正在成长中的新媒介来说，我们需要更多的尝试，将其塑造成更符合我们利益的形态。

四、小结

《骑弹飞行》的出版是比较早、比较成功的电子书营销案例，该电子书所应用的技术手段和营销方法，体现了数字时代图书营销的新特点：书籍的内容可以超越载体的限制，以各种各样的形式呈现给消费者。经过十几年的发展，现阶段的电子书较《骑弹飞行》已有不小的进步，但还处于媒介演化的初级阶段，尚有很大提升空间。随着技术的进一步演进，电子内容的呈现方式将会越来越人性化。

---

① Bolter J. D. & Grusin R.. Remediation：Understanding New Media［M］. Cambridge：The MIT Press，2000：47.

《ONE·一个》：免费电子期刊如何盈利?

2012年10月8日，iOS版《ONE·一个》在App Store发布，上线不到24小时，就超过众多热门游戏与应用，成为App Store中国区免费排行总榜第一名。两天后下载量超过20万，一时名声大噪。11月28日《ONE·一个》Android版发布。2013年12月17日，《ONE·一个》结束与腾讯网的网页合作，独立的官网正式上线。韩寒团队称由于所有和“one”这个单词相关的域名均已有主，所以官网域名索性为www.wufazhuce.com，并以“文艺世界，无法注册”作为标语。在一年半时间内，以App电子杂志为核心、相关产品链为辅的免费电子杂志《ONE·一个》获得了巨大影响力和商业利润。

“这是一个以‘hanhan.qq.com’为域名的腾讯二级频道。韩寒团队提供内容，腾讯提供资金与平台。当时，腾讯希望借助韩寒的个人影响力，打造一个韩寒的个人频道，囊括韩寒本人的作品以及围绕他的各种资讯。”[①]创办之后的《ONE·一个》显然并不是按照这一思路发展的，它逐渐成为腾讯网络上的一份文艺性电子期刊，“韩寒对《中国企业家》说，如果仅仅是韩寒频道，就会变成粉丝内刊，很难走到更大的天地去，‘苹果手机如果叫乔布斯手机的话，可能就会差点儿’。最终，双方都做了妥协。腾讯的《ONE·一个》中，左边是电子期刊，每日提供

① 伏昕、马钺：《韩寒投资韩寒》，《中国企业家》2012年第21期。

‘ONE · 一个报道、ONE · 一个评论、ONE · 一个文艺’；右边则是韩寒频道，提供韩寒的赛车资讯、照片、视频以及小说连载。网页版《ONE · 一个》上线后，韩之队加快了推出 App 版的速度。由于团队成员大部分是文艺青年，最大的困难在于技术。执行副主编小饭在朋友推荐下，找到四叶新媒体进行技术合作。技术外包虽然成本较高，但相对而言推进速度较快。不过即使如此，第一期上线也被推迟了五六次，主要是因为主编太忙，韩寒那一阵还在鏖战中国房车锦标赛，所以稿子一拖再拖。直到 10 月 8 日晚，韩寒被拖到办公室，在团队成员的监督下，用一台速度巨慢的台式机，一个字一个字敲出了《碎片》。”① 《ONE · 一个》的成功引起了业界广泛的关注，有些人认为其成功来自于韩寒超高的人气；也有人认为其成功与其内容与营销策略有关。一份电子期刊的成功总是契合着网络阅读、网络经济的某些规律，本文就此展开论述。

一、《ONE · 一个》如何吸引注意力?

《ONE · 一个》App 是一个每日更新的文艺作品平台，内容和设计都相当精简。在 App 上线一年后，它有了几百万的用户。是什么让《ONE · 一个》简单的产品吸引了大量用户？《ONE · 一个》的内容和设计到底有什么过人之处？

1. 内容特点迎合受众。

一般认为，《ONE · 一个》的使用者（也是目标受众）是“80 后”“90 后”群体。有研究者对《ONE · 一个》进行内容分析后发现，《ONE · 一个》中约有 70%的文章主题与青春有关，其中出现频率最高的是爱情主题。② 这从一个侧面证明了，

---

① 伏昕、马钺：《韩寒投资韩寒》，《中国企业家》2012 年第 21 期。

② 参见朱家卫：《从传播学角度解构韩寒〈ONE · 一个〉的传播模式》，《新闻世界》2014 年第 9 期。

《ONE·一个》能通过青春相关主题锁定目标受众。除了在主题上做文章外，《ONE·一个》的内容在许多方面都符合“80后”“90后”群体的思维方式和阅读习惯。

从内容设计上看，《ONE·一个》“每天只为你准备一张图片、一篇文字和ONE·一个问答”颠覆了传统杂志的编辑理念。它不再追求复杂与深度，以简单易懂抓住网络上稀缺的注意力。韩寒在《碎片》一文中解释了《ONE·一个》何以做得这么简单：“什么都太繁多了，什么都太短暂了。我们做简单点吧。于是就有了你所看见的《ONE·一个》。每天都只有一张照片，一篇文字，ONE·一个问题和他的答案。但也只是一枚碎片。”韩寒认识到，在有无穷多碎片的互联网时代，最重要的事情不是做多而全，而是少而精。从内容特点上来看，《ONE·一个》的特点是“真心话+自然美”。“ONE·一个”工作室成员对此的理解是：希望给读者提供美好的事物、观点，让读者们更有尊严地活着。《ONE·一个》每天更新的图片和一句配图文字艺术性很强，并且大都很励志，直戳人心。“ONE·一个”问答栏目也别具一格，很多问题都是网络的热点或是赚眼球的“笑点”，也会有如“爱是什么”这样通俗而大家都关注的人生问题。

综上所述，《ONE·一个》无疑具有浓厚的大众文化品性。大众文化研究者认为，大众文化将人们的日常生活转化为艺术，使日常生活审美化，而“日常生活审美化”，是世俗大众尤其是都市年轻人的生活梦想。《ONE·一个》关于青春与爱情的主旋律、简易的设计、“真心话”和“自然美”的内容风格，体现了日常生活审美化的编辑理念，对“80后”“90后”群体具有很强的吸引力。正是因为有广泛的受众群，《ONE·一个》才能在免费的情况下，获得收益。

2. 作者队伍与内容质量。

《ONE·一个》之所以能在短时间内吸引大量用户，韩寒的个人影响力不容忽视。《ONE·一个》的团队基本是《独唱团》

的原班人马。而《独唱团》是由韩寒主编的文学杂志，于2010年7月6日正式上市。虽说定位为一本杂志，其发行方式却是以书代刊。上市后，立即掀起了一轮销售神话，发行了近两百万册。《ONE · 一个》每日的文章多为杂文、散文、通俗小说，编辑思想一定程度上延续了《独唱团》的自由风格。《ONE · 一个》的执行主编也就是原《独唱团》的执行主编马一木。马一木表示他并不是韩寒的粉丝，吸引他留在韩寒身边的，是韩寒“身上总有一种新生力量，这个力量挺强大的，肯定会打破某种规则”。马一木觉察，韩寒既能把握大众需要，看待世界的方法又跟大家都不一样。正是对于自由文体的追求及原创意识，让《ONE · 一个》这样的文艺类电子杂志区别于一般的文艺杂志。

当然，一本杂志要想持续吸引读者，光靠某个或几个作家是远远不够的。《ONE · 一个》的作者不仅有韩寒本人，还有张晓晗、颜茹玉、咪蒙、荞麦、蔡崇达、暖小团等文学新人；李海鹏、李娟、七堇年、那多等一众实力派作家也应邀加盟；陈坤、蔡康永、邵夷贝等跨界明星的文学处女作也一并收录。从作者阵容来看，确是通过精挑细选，这批作者本身就可能吸引大量的读者群。当然，《ONE · 一个》的作者更多的并非是成名作者。在《韩寒谈〈ONE · 一个〉：我以为不会有人喜欢看》一文中，《ONE · 一个》的编辑表示，所选文章“大部分是来自于约稿，这取决于编辑本身的视野，一个好的编辑必须能看到和发现好的作者，好的文章，这是天职。有名无名应该算是其次，文章好坏第一位。我们给自己的定位是希望能生产和展示、分享一些好的流行文化。我们肯定不是一个高深、偏向学术的阳春白雪App，还是会照顾大部分读者的阅读口味。如果是评论性的文章，我们希望文章是深入浅出的。如果是虚构类的作品，我们希望是‘通俗’的。”

3.《ONE · 一个》是否只能是个案？

《ONE · 一个》如今有稳定的用户群体，并由相关产品链取得利润，韩寒的个人影响力无疑是重要一环。中国文艺界的明星不止韩寒一个，但目前中国比较成功的电子杂志只有一个《ONE·一个》。《ONE·一个》成功的背后，韩寒的个人作用究竟有多大？这是一个值得探讨的问题。

从打造文化品牌的角度出发，仅仅靠韩寒个人的粉丝和名气无法维持一个每天都会更新的电子杂志，“去韩寒化”势在必行。《ONE·一个》Android版发布时便撤掉了“韩寒”两个字，更名为《ONE·一个》。对于在应用中去掉“韩寒”两字，韩寒解释称不想让人误会觉得它是个人移动应用或者粉丝团内刊。《ONE·一个》不是韩寒一个人的文章平台，而是由一个团队来运作的文艺杂志。媒体的放大作用往往会放大个人的力量，在韩寒与《ONE·一个》的关系问题上，媒体在报道中凸显韩寒的所思所想，造成了韩寒是《ONE·一个》的绝对领导者的错觉，从而掩盖了商业行为的复杂性。《ONE·一个》的执行主编马一木赞同“去韩寒化”。“他指出，韩寒个人品牌的存在，给《ONE·一个》的推广带来很大的便利和关注，但如果生产不出来一个优秀的产品，或者影响业界的产品，那这个品牌就被浪费了。他觉得韩寒最终的作用会像‘总统，在不在其实一样’”。[①] 的确，大公司投资的一定是产品，而不会是某个明星的粉丝刊物、官网。《ONE·一个》只有在明星效应的前期基础上，通过一整套专业的商业化运作，才能真正成为有影响力的文化产品。

二、《ONE·一个》“免费”中的盈利之道

尽管《ONE·一个》的内容非常精简，但是运营成本并不低廉，“《ONE·一个》第一年的成本在250万元左右，包括开发成

① 伏昕、马钺：《韩寒投资韩寒》，《中国企业家》2012年第21期。

本40万，技术运营成本10万，员工工资和稿费各100万。”[①] 与一般电子期刊不同，《ONE·一个》并没有采用内容收费的方法，可能是借鉴了国外电子杂志的经验。著名的网络杂志《石板书》(Slate) 杂志曾经向用户收取每年19.95美元的低价订阅费，事实证明，免费内容比收费内容大概多了20倍的浏览量，《石板书》最终放弃了内容收费业务，主要依靠广告支撑运营。[②] 另外，从我国的网络出版环境来看，内容收费也并不适合。人们已经习惯了使用免费的软件，阅读免费的网络小说，内容付费一定会影响用户体验，采用付费下载的方式显然会冒失去读者的风险。《ONE·一个》毕竟只是一个影响不够大、刚刚成长的文艺平台，需要资金的维护和运作。因此《ONE·一个》选择了刊登广告，免费提供内容的模式。

《ONE·一个》在App上线后拉到的首个广告是NIKE，据韩寒透露，NIKE并不是唯一想在《ONE·一个》上做广告的客户，之后还接了“褚橙”的广告。除了显眼位置的主广告商的广告设置外，侧滑看历史内容时也会出现一次广告页，如李维斯；还有电影广告，如程元导演的《进藏》。在设置栏中还有推荐App的广告，页面设置很简洁。从《ONE·一个》的广告选择来看，团队在广告商中挑选严格，力图使广告符合《ONE·一个》的气质。广告大都紧贴年轻人的生活，品味有一定的标准，跟文艺很合拍，插在内容之前也不会觉得突兀。由于团队的良好运作和韩寒的超高人气，目前已经吸引了很多优质广告商投放广告，所以在营收方面并不成问题。《ONE·一个》广告的选择和广告形式还是比较成功的，既保证了成本回收和利润，又通过广告的品牌形象彰显了自己的品味和地位。除了广告收入，《ONE·

---

① 李晓翔：《电子杂志〈ONE·一个〉的营销方案评估》，《才智》2013年第15期。

② 参见刘锦宏主编：《数字出版案例研究》，电子工业出版社2014年版，第42页。

一个》还拓展了相关产品，以“ONE · 一个工作室”的名义开拓业务。这些无疑宣告了在网络时代，只要抓住用户的注意力，盈利总是会到来的。

三、网络经济时代的免费

在《免费：商业的未来》一书中，作者克里斯·安德森认为网络经济中存在真正免费的现象，即数字化免费，如免费的搜索引擎和免费的即时通讯服务等。购买者不花费任何形式的机会成本便获得了利益。互联网出现之前，我们处于基于实物的传统经济时代。这一时期也有免费现象，但并不是真正免费。由于构成商品的物质是有成本的，而成本最终会核算到产品的价格中，所以所谓免费只不过让消费者换了一种掏腰包的方式，如为了促销或迅速占领市场而推出一定数量的免费产品。在互联网时代，免费不再作为假象出现（一种形式的免费不再需要以另一种形式的付费还回去），而成为了一种可行的商业模式。也就是说，通过真正的免费，网络企业可以实现盈利。

“真正的免费”如何实现盈利？这里以免费加收费策略为例，就是用免费的产品和服务去吸引用户，然后再用增值服务或其他产品收费，这已经成为互联网公司的普遍成长规律。对于数字化产品而言，只要拥有少部分付费用户，就有可能盈利。这是因为在网络条件下，为大多数人提供数字化服务的成本是相当低的，只要付费用户所付的费用高于维持服务所用的成本，这种模式就能运转下去。而在传统经济中，商家只能让少部分消费者享受暂时的优惠，而让大多数人付费以收回产品制造所需的成本。只有大多数人的付费高于生产成本，产品的生产销售才能继续进行。总而言之，从传统经济到网络经济，免费的内涵发生了转变。免费不再作为一种临时性的营销手段而发挥作用，而是直接参与长期的价值创造，转变为一种商业模式。

此外，在免费的商业模式中，产品和服务的质量依然绝对重要。与传统经济不同的是，企业关注产品和服务质量并不是要直接赚取消费者的金钱，而是要赚取声誉和注意力。安德森从非货币市场的角度考察了声誉和注意力在网络经济中的重要作用，认为在金钱不再是市场上最重要的交易信息的条件下，注意力和声誉这两个非货币因素的地位陡然提升。

我们不妨将注意力和声誉这两个概念分开来看。声誉是网络公司通过提供高质量的产品或服务所获得的影响力，注意力是网民对于某项产品或服务的精神集中。提供高质量的产品或服务，归根到底是为了获得网民的关注。在网络经济下，网络公司需要将注意力转化为声誉，再用声誉换取更多的注意力。如此才能获得更多用户，才能得到广告商的青睐。在传统经济中，经济成功的关键性限制因素是空间。随着互联网的出现，空间问题消失了。一个小公司每个月只需要少量成本就可以建起一个网站，为全世界提供产品。每个人都能建立一个网站，但不是每个人都能获得注意力。网络经济中的限制因素是网页的关注度，网络企业的经营是否成功最终将由网民的注意力来仲裁。所以，在网络经济的免费环境下，最珍贵的资源既不是传统意义上的货币资本，不是信息本身，而是网民的注意力。《ONE · 一个》可以说是深谙其意。

余论

果壳网：如何在 Web2.0 时代界定数字出版的边界？

理解数字出版，首先应该明确内容和形式之间的革命性变革。数字技术改变了知识的组织方式和传播方式。知识的组织方式，即知识排列组合的方式。在竹简时代，竹片必须做得长宽高一致，因此即使如标题等重要的信息，也无法做出明晰的标识，读者也只有通读全文才明就里。从某种意义上讲，竹简比纸张更适合深度阅读。在竹简时代，知识难以做到对重要次序的排列组合，而在纸张上这一切自然而然地实现了。人们在纸张上通过字体和字号的变化、通过留白和加粗的变化，显示文字之间的逻辑和知识的重要次序。“会阅读”的人只要读报纸上那些“加粗黑体字”，即对内容“扼其要”。在数字时代，知识的组织方式又发生了“革命性”的变革。文本的互动与链接、随意组接（个性化定制的基础）、内容与形式的分离等成了纸张时代所不具备的新特点。局限在纸质“书”的形式中去讨论数字出版，不仅因为我们对技术缺乏深入的认识，而且也因为思维惰性。因为“书”的特征（内容和形式不可分离）已经在我们头脑中固定，我们对在新技术条件下内容和形式的分离传播，往往视而不见。内容和形式的分离，是互联网和数字技术革命性的理念和实践。为了使信息快速传播，科学家们实现了基于网络的内容传播，这种去格式化的信息传播方法确实极大地加快了信息的传播速度。阅读对象永远是“内容和形式的统一”，只不过数字阅读的内容显示形式由阅读终端来最终决定。纸质时代的“书”实际上是内容和形式结合的一种特殊形式，这是由介质的特殊性所决定的。在数字时代，知识的传播形态则显然具有内容与形式分离的特点。在数字时代，形式总与阅读终端有关，是阅读终端“强加给”内容的。

概念的定义来自于差异化。理解数字出版的边界，我们需要再次梳理出版界的核心内容和新闻界核心内容的差异。因为核心内容的差异，新闻和出版的产业规律、生产流程、管理规则、消费人群以及对人类社会的影响存在着较大差异。尽管在全球，尤其在中国，对信息传播（新闻业的核心）的研究更引人注目，但知识传播（出版业的核心）对人类发展的影响更大。与信息传播研究成果汗牛充栋相比，知识传播的研究则显然没有成为学术热点。在笔者看来，出版的核心工作是知识传播，这与信息传播可以作一区分。在 DIKW 金字塔模型（DIKW Pyramid，又名“DIKW Hierarchy”，“Wisdom Hierarchy”，“Knowledge Hierarchy”，“Information Hierarchy”）中，信息和知识分属学问的第二层级和第三层级，知识由流动状态的经验、价值、相互关联的信息（contextual information）、专家洞见和有根据的直觉（grounded intuition）构织，为评估和涵纳新经验和新信息提供参考框架，[①] 见图 6-1：

本文要讨论的问题是：我们能否把数字时代的出版和数字时代的知识传播相等同？核心在于区分信息和知识，即图 6-1 中的第二层和第三层差异，这是以果壳网为例的缘由。

---

① Davenport, Thomas H. & Laurence Prusack. Working Knowledge: How Organizations Manage What They Know [M]. Boston: Harvard Business School Press. 1998: 5.

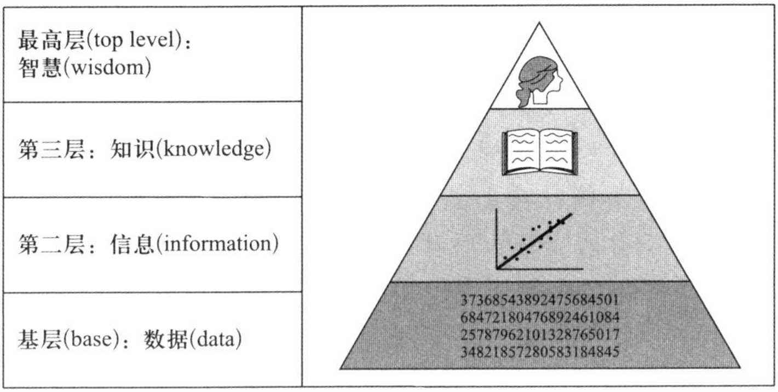

图 6-1　学问的四个阶层

一、果壳网：一个富有诗意的名字背后的创意

2008 年 4 月，生物学博士嵇晓华创建了一个公益性的科普机构——科学松鼠会。2010 年 11 月，也许是硅谷的 SNS 网站给其启迪，嵇晓华以“姬十三”这个更加草根化的网名创建了果壳网，其建网理念是“面向公众倡导科技理念，让鲜活的科技内容走进流行文化”，线上的果壳网和线下的果壳阅读相辅相成。果壳网主要有科学人、小组、问答、MOOC 学院等板块，由专业科技团队负责编辑，网站主编为拇姬。为什么一个互动科普类网站有一个富有诗意的名字“果壳”，嵇晓华认为起名的缘由如下：

哈姆雷特曾言“即便我身处果壳之中，仍自以为是无限宇宙之王”，霍金以此为题著书《果壳中的宇宙》，暗示自己身处轮椅之上的那些时光。果壳网的创办者在一次洗澡中想到了这个典故，并决定用果壳来命名这个网站：网络是我们的果壳，然而这里所谈论的，大至宇宙小至原子，没有什么能束缚我们的好奇。

在这段起名缘由的夫子自道中，嵇晓华其实也说明了网站的发展方向——科技传播，而科技传播是知识传播中的核心内容。有人评价果壳网时认为，“果壳致力于将科技智趣引入大众的文化生活和娱乐生活，契合了其对未来生活方式的投资方向，这是个有前景的模式”。果壳后来的发展也说明，此言非虚。在网站建立后的 2011 年，因日本地震引发的核泄漏在中国国内引起了巨大恐慌。这种恐慌的根源在于人们对于核泄漏缺乏必要的知识，因此容易听信社会上的各种谣言，宁可信其有，不可信其无。服用加碘食盐能够防辐射的传闻就广有市场，以至于引发了抢盐风潮，中国的各类媒体也做出了一些报道以正视听，政府也出面辟谣，但收效甚微。果壳网恰逢其时地推出了地震特辑《囤积食盐，有必要吗?》，不仅科学地讲述了食盐无助于防止辐射，而且分析了中国公众在突发灾难时产生恐慌的心理问题，“心理鉴定组”发表文章《灾难之后，你变短视了吗?》，以科学的态度平息公众的恐慌心理，同时也让网站的价值和取向得到了淋漓尽致的展现。姬十三希望自己的网站有自己独特的文化和独特的风格，就像豆瓣拥有“小清新”风格一样。事实上，在不自觉中，果壳网也开始形成了自己的风格：它相比许多网站缺少激情，但有更多的理性，能够按照自己秉持的科学理性尺度评价事件的好坏，有人评价其“不会像人民网那样伟光正，但也绝不会和南方系新闻一样的末世论”。果壳网要做的不是道德审判，不是情绪的宣泄，而是知识性的供给和引导，这与当下的诸多媒体形成强烈的反差。“道德审判”和“情绪宣泄”很容易形成一种主观偏见，而知识供给和引导因为往往无法给情绪的宣泄提供一种出口而备受指责。在一些特殊的环境下，让人们接受理性与知识，往往比顺从情绪、偏见更容易招致误解。也许正是因为特殊，果壳网成了“非主流”，这也成为其存在的深层理由。

作为一个以互动问答形式为主的知识传播网站，果壳让每一个问题都贴上标签（相当于问题分类），如“认知与心理”“社会热点”“化学”“物理”“天文”等，这些分类与知识的谱系是十分接近的，最佳答案会被“果壳传送门”传送到显眼位置。如果用户对某一个问题感兴趣，可以点击“同问”按钮，“同问”达到 30 次以上，就有机会得到果壳网团队给出的“权威”答案。与大多数网站只起平台作用、网络互动只在用户之间进行不同，果壳十分注重编辑团队的建设和对内容的把关，因为科学如果流于网友之间的自问自答，则可能失去其严谨。“鼓励自由交流基础上的严格把关”，也许是果壳网与诸多网站不同之所在。

果壳网激发了用户和“果壳达人”的创作激情和解答问题的欲望。一次次获得“赞”的用户，是一个个现实中存在的人，“赞”的背后表达着认可、赞赏、感激等正面的感情，虽然虚拟却也令“果壳达人”神往。在问题的问答互动中，参与者完成了对自己身份的想象和网站定位的想象。果壳网提供的这种身份想象显然不同于其他网站，如果说企业文化是要给消费者提供一种自我身份认同的话，这也许就是深层次的企业文化。很显然，上果壳网的人对身份的想象是清晰的，这是一种小众但很有品味的身份认同。在互联网的发展史上，也有一些小网站，初期发展不错，于是想尽一切方法吸引新用户，但随着新用户的大量涌入，以及为了吸引新用户而做出的网站内容调整，使得原有的身份认同感不存在了，最终引发了用户的身份焦虑，网站由此而失去了发展方向。果壳网显然不在此列。果壳网发展步子不是很快，但一直维系着小众但很有品味的文化认同。内容是传统出版业的工作重心，也是果壳网的工作重心。尽管其营销人员不到网站编辑人员的十分之一，但仍然有通用汽车、通用电气、IBM、利乐、宝洁、欧莱雅、大众、奥迪等品牌客户在其网站投放广告。

二、果壳网：Web2.0 时代的知识传播？

英国哲学家波兰尼认为知识可以分为两类，即显性知识（explicit knowledge）和默会知识（tacit knowledge）。[①] 所谓显性

① Michael Polanyi. Study of man [M]. Chicago: The university of Chicago Press, 1958: 12.

知识是指“可以用概念、命题、公式、图形等加以陈述的知识”[①]，也就是通常意义上的在书本上通过教育传递的相对稳定的知识。所谓默会知识是指“人类知识总体中无法言传或不清楚的部分，需要一个人在亲身经历、体验、发现和探究中去领会，变成自己的知识系统和行为方式”[②]。而在波兰尼看来，默会知识对人类理解世界显得更重要。也许，人类的成长就是不断验证、修正、补充和扩充默会知识的过程，再把这种默会知识以各种巧合和必然转化为显性知识。在互联网上，默会知识充斥，但很少有像维基百科那样的解决方案，把默会知识逐渐转化为显性知识。默会知识因其表达的灵活性、亲身性、情感性而能引发用户的参与热情，但也因此流于生活的碎屑和片段、情绪的膨胀和理性的缺乏。

果壳网显然在显性知识和默会知识之间架起了一座桥梁。果壳网主要提供有智趣的科技主题内容，其内容主要有两块，一是用户生成，一是自主原创。果壳网也重视在网上产生的带有个人体验的默会知识，最后通过出书的方式让其得以固定，成为显性知识。

自主原创内容在果壳网占有较大比例。果壳网非常重视编辑团队的建设，拥有数十人的专业科学作者团队，成员多有较高学历或国外留学经历，学科背景涵盖物理、生物、电子、植物、数学多个领域，他们在主题站定期发表文章。果壳网富有影响力的稿件大部分是由果壳的编辑团队策划和编写的。为了实现科技内容的易读性，文章通常都有固定的形式——明确概念，进行分析，得出肯定或否定结论，文章的结尾都会列出主要参考文献。形式的固定有四方面的好处：一是便于管理，只要不符合要求的稿件一律不用；二是便于编辑，编辑团队有统一的模板，方便了

---

① Michael Polanyi. Personal Knowledge [M]. London: Routledge, 1958: 70-78.

② Michael Polanyi. Personal Knowledge [M]. London: Routledge, 1958: 90.

创作者和编辑；三是方便用户进行链接深度阅读；四是体现文章观点的科学性，形成了自己的文本风格，即有智趣的学术随笔。除此之外，文章还严格标记以便于支持垂直搜索。果壳网通过对内容的严格把关，让网站的科学性、趣味性、权威性得以体现，这是在众多互动类网站中少见的严谨态度。

在用户生成内容的方式中，果壳网设有“果壳达人”模块，成为“果壳达人”的人必须通过“自我申请—网站认证—赋予认证符号”成为达人，“果壳达人”是在自己的专业领域内取得成功的果壳用户，“果壳网会认证达人专业头衔的真实性，以证明他是在某个专业领域的高手”。一旦通过，“果壳达人”的发言位置就会出现果壳达人的头衔和标志，允许使用发表日志的特色服务，显示出不同于一般用户的权威特征，“果壳达人”在自己的讨论小组中，通过与用户的互动及交流获得评价和肯定，从而实现自己身份定位和网站特征定位。通过“果壳达人”模块，果壳网在 UGC（User Generated Content 用户原创内容）模式中植入了隐蔽的内容把关模式，维护了其秉持的权威性和趣味性。

创立伊始，果壳网就已经开始了其与传统出版机构的合作，这些书都有关科学智趣，以文学的方式讲述科学，也许是其文本风格的另一种概括。《当彩色的声音尝起来是甜的》《冷浪漫》《谣言粉碎机》《一百种尾巴或一千张叶子》等科普佳作受到了业界和读者的好评，果壳网也通过对默会知识与显性知识之间的转化，实现了线上资源线下变现的经营策略，并成功而巧妙地延伸了自己的品牌价值。

果壳网也善于利用搜索引擎重组知识版图。有人认为在网络环境中，网站通过各种各样的搜索引擎，使我们与各种知识邂逅，我们无法以一种简单固定的方式来体会和掌握知识，并且因为搜索工具的不同，每次得到的知识也不尽相同，从这个意义上讲，搜索引擎的使用是现代人最重要的学习和工作技能之一，已经重构了我们的知识地图。技术在迅猛发展，搜索引擎的技术进化也十分迅速，也许在不久的将来，语音搜索、图片搜索的技术都会被广泛利用。目前，主流搜索可以分为通用搜索和垂直搜索。常用的搜索引擎，如谷歌、百度属于通用搜索，这种搜索方式对信息进行浅层次的概括性的分类，事实上许多分类无法顾及信息的具体含义，因此我们可以发现由通用搜索拼贴起来的知识碎片，很多并不是我们所需求的，但因为其使用简便灵活，才被大多数人广泛使用。垂直搜索是针对某一领域的专业搜索，就像在序言中所说，其对文本的标记要求更高，不仅需要有清晰的结构标记，还需要对重点词汇标注含义标记，正因为如此，它会为我们提供更准确、更快速的答案。果壳网的垂直搜索方式显然符合其网站定位。

三、结语

相比起盛大、百度、谷歌这些互联网的"大哥大"，果壳网只能算是一个小众的"品味网站"——兴趣相投的用户聚集的平台。在社会原子化和人类价值多元化、个体化的现代生活中，它自有自身存在的价值与空间。在泛娱乐化和信息大爆炸的背景下，果壳网仍然执着于对信息的深度、科学和权威性解读，从这个意义上说，它很另类，但同时兼具传统出版产业特点和互联网精神。传统出版是显性知识传播的重要形式，尽管我们以前很少从知识传播的角度去研究传统出版，但这个观点还是能得到大多数研究者和业界人士赞同的。我们同时需要在技术变革中认清的是，以书本的方式传播知识只是知识传播方式的一种，是受一定技术条件限制所产生的时代性结果，随着技术的发展，知识传播的方式会发生根本性的改变，与此同时，"书"的形式不再是知识传播的唯一形式。如果知识传播是知识板块的传播，这种知识板块可能很小，只有几行，根本不可能成为一本著作；知识板块也可能非常冗长，有一本书甚至几本书的厚度和长度。其次，知识的传播不仅应包括显性知识的传播，同时也应包括默会知识的传播。在传统新闻和出版的分类中，新闻更强调即时性的传播，出版则强调知识性的传播。事实证明这种分类对管理和研究都是有益的，因为即时性的传播和知识性的传播确实存在不同的特点，理应有不同的管理规则。同样，我们对网站进行分类时，也会发现有些网站会更接近知识性传播，有些更接近即时性传播。两者特点分明，受众差异很大。

目前，在数字出版的内涵和外延讨论中，有些人把数字出版外延看得很大，几乎认为只要是数字信息的传播就是数字出版，典型的是《中国数字出版年度报告》，几乎从视频到彩信一切都包括进去；有些人则把数字出版的外延界定过窄，认为是传统出版演化的那一部分，以至于哀叹数字出版还没有建立盈利模式，事实上是传统出版的数字化转型遇到了种种难题。这两种论调忽视了出版的本质是知识的传播，而不是泛信息传播或“书”的数字化，而出版形态理应是多样的。明晰数字出版即数字知识传播，便于我们对数字知识传播规律的把握。从这个意义上讲，果壳网对我们思考未来数字出版的走向有更多的启示。

也许果壳网永远只是一个小众的知识传播网站，但果壳网与传统出版更多的“亲密性”值得我们思考：数字出版是否可以被看作是数字知识传播，这种分类是否就像传统新闻和出版的分类一样有利于我们把握业界形态？在笔者看来，数字出版是数字知识传播，这就是数字出版的边界所在。

后记

这几年我一直在给复旦出版专业的硕士生开设数字出版课程。复旦出版专业的硕士生来自全国各地，有些本科学的就是出版专业。我在授课过程中发现两个比较大的问题。一是何为数字出版的问题，即使那些本科学习出版专业的学生，对这个问题的回答也没有任何信心。常常见到的情况是根据某某大咖的观点振振有辞一番，但如果追问按照大咖所说数字出版内涵和外延何在，绝大多数学生便会语塞，因为一来大咖观点可能确实比较难懂，二来学生往往并未深究。二是讨论具体的个案，学生持论很难达成基本的共识，却仿佛各有道理。常见的情况是抓住一个信息、一条证据便说将开去，缺乏思考数字出版个案的基本逻辑框架——这说明学生整体上对影响数字出版业的核心要素还缺乏共识。针对以上两点，出版一本数字出版概论的专著确实是现实之需，但写好一本数字出版概论，需要经济学、法学、信息组织学、传播学、计算机基础科学的素养，这对我本人来讲是力所不逮的。于是就从简单些的做起，试着写一本《数字出版个案研究》，为理解数字出版打打基础、探探路子，这大概就是这本书的写作缘起了。

2013 年的数字出版课上，我组织学生召开了一次数字出版个案研讨会，这届学生在会上所表达的观点，不论是洞见，还是偏颇之处，都给我留下了深刻的印象，进一步促使我决心完成书稿。会后我和于成共同担负起了写作的主要任务。于成思维敏捷，很快完成了自己承担部分初稿的写作，在我的要求下又进行了三次修改。此时，因我在美国国家人文中心访学，时间比较充裕，也完成了自己写作的部分。回国后，应高等教育出版社郎文、曹培庚编辑的要求和建议，我又对整体书稿进行了修订，完成了本书定稿。

在这本书的写作过程中，张涛甫教授扮演了“助产士”的角色，他一直在催促我这个懒人多动笔，还在百忙中为本书写了精彩的序言。这个序言从更宏观的角度思考了影响数字出版业的核心要素，为数字出版研究的进一步深入“打开了一扇窗户”。栾文钰先生和陈璞先生参与了两个个案的写作。姚丹红女士一直关注个案研究，并促成本书中的部分个案在《编辑学刊》上发表。我的学生王梓女士以其一贯的认真与细致，对本书的错别字做了认真的校改。中国教育出版集团副总经理黄强先生、东方出版中心总编辑郑纳新先生、上海社科院研究员刘轶先生一直在关心此书的写作，在此一并表示感谢！

虽然出版对文明的积淀、民族的发展、人类的进步贡献卓著，但出版研究一直是边缘的边缘。这并非因为出版研究不重要，而是因为出版本身博大精深，很难用某个知识体系加以把握。我希望这本书能有助于更多的人意识到：出版真的是一个值得深耕的实践领域和研究领域。

张大伟

2016 年 7 月于上海